大樂文化

優渥叢書

工藤哲哉◎著　林信帆◎譯

日本股神教你

長線&當沖

賺二億

傳奇交易員寫給散戶的！
9 堂投資必修課

百戰錬磨のディーリング部長が伝授する
「株式ディーラー」プロの実践教本

CONTENTS

CONTENTS

目錄

Chapter 8

傳奇交易員怎麼做資金配置呢？ *205*

Chapter 9

從股市的歷史循環，
判斷未來股市會怎麼走？ *225*

推薦序一

我有信心與能力賺回一千萬！

財經暢銷書《空軍一哥教你 K 線放空法》作者、

私募基金合夥人　陳韋翰

　　回顧 20 世紀的日本，除了令人印象深刻的偶像劇《東京愛情故事》之外，就是 1989 年 12 月底，日經 225 指數創下史上最高價 38957.44 點，2 個月後台灣加權指數也搭上熱錢列車，創下 12682.41 點新高，這項記錄台日至今都還未能突破。

　　但自此日股沈睡許久都無力再創漲勢，直到 2012 年，扭轉 311 大地震與福島核災頹勢之後，才展開一波 3 倍的大漲行情，沈睡巨人終於喚起世人的記憶。

　　本書作者工藤先生從事交易二十多年，由交易員一路升職到部門經理，管理近 50 位交易員。操作商品方式包含當沖、短期、中長期、套利等。

　　對於每一種操作方式，作者都詳盡說明自己運用的分析方法與投資觀念，舉凡 K 線、均線、MACD 指標、獲利與虧損退場、攤平、金字塔加碼、下單時機、避險等，

毫不藏私地分享給讀者，堪稱本書的精華。

文中提及作者曾經單月虧損 6486 萬日圓的經歷，讓同樣曾身為自營交易員，單日虧損一度高達 1300 萬的我，感觸頗深。**如何從絕境中重新站起，並且建立自信扳回損失，甚至讓獲利翻倍，這種蟄伏的心路歷程與經驗能力的累積，遠比一出手就大賺錢還來得珍貴。**

我曾經歷過 2000 年、2008 年的股市崩跌，也曾站在加權指數 9859.65 點、11270.18 點的資金浪潮上，很慶幸自己能持續在投資領域中存活並逐步茁壯。

讀者若是能善用本書中的技巧與觀念，逐步累積投資經驗，便能掌握如何正確而快速地判斷行情，因為股市景氣循環是固定的劇本，只是演員不同，而人性永遠不變。只要能掌握「貪婪」與「恐懼」的轉折點，就能複製股神巴菲特的獲利方程式：平均每年讓本金成長 20％，10 年翻 10 倍，直到 56 年後成為全球首富。

對我而言，股市就像宇宙，每天打開電腦程式，就能看到全球變化。**投資的過程便是反覆執行指令，這是我們可以掌握的部分，而過程中要承擔多大的風險、可能面臨多大的損失，也是由自己來控制。**但結果究竟是賺 1％、賠 1％、賺 50％、賺 500％……，還是得看老天爺的面子，這正是投資最有樂趣的地方。

我曾在券商與私募基金任職多年，體會到：**當操盤手能認清自己的渺小，愛上投資的孤獨感，學會享受進場時**

的恐懼與投資過程的樂趣，並且瞭解財富是靠逐步累積而成，再加上對自己的無比信念，便能夠進入獲利循環，令財富不斷往上竄升。

　　身為一個擁有類似經歷與感動的讀者，我想這應該是作者工藤先生贈送給投資人的珍貴禮物！

推薦序二

想在股市長期致勝，你需要的是……

知名理財書作家、嘉實資訊專業講師　艾致富

　　在接到出版社邀請，為《我在股海賺二億》撰寫推薦序時，我毫不猶豫，立馬同意了。

　　過去一年之中，連同此本著作，我已經為三本日本投資大師的書籍撰寫專文推薦，這是因為我發現日本的股票投資書籍，無論是淺顯到專為股市新手而寫，或是針對已有豐富股市經驗的投資人，提供更專業、更多元化的股市投資領域知識，其共同特色就是**非常強調投資人在投入股市時，要先釐清每一種投資方式應懂的觀念，這也是我在教學時最強調的重點。**

　　至於投資方式，雖然也是每本書中作者想要傳達給讀者的重點，但重要性卻遠遠不如基礎觀念。在我閱讀過由日本傳奇交易員工藤哲哉所寫的這本著作後，我只能以「非常驚訝」這四個字，來表達對本書及作者的敬意。

　　一直以來，自營交易員應該是許多散戶投資人非常好

奇、很想瞭解的一項職業。這群操盤手的職務內容是用券商的自有資金，幫助券商創造獲利，投資人對於他們的每日工作內容、時間安排與投資方式，雖然好奇卻又難以窺視，本書作者竟願意將自身經驗與大眾分享，這是第一個讓我感到驚訝的地方。

第二個驚訝之處在於，本書的內容雖然是把作者二十年來的每日工作內容，經過有系統的濃縮整理後，再分享給讀者，背後卻隱含深遠的意義。

這些每天不斷反覆的動作，正是投資人要在股市中長期致勝，必須具備的觀念與習慣。 作者願意如此鉅細靡遺地把它們整理出來，讓讀者參考學習，我必須說作者創作此書的動機中，想要傳承的意願肯定遠大於其他一切利益。有幸閱讀此書的讀者，實在應該感謝作者毫不保留地分享給大家。

我很榮幸能向大家推薦此書，其中除了讓讀者一窺自營交易員的工作內容之外，還濃縮了作者二十年來對於各項投資手法，包括超短期、短線、中長期投資等的經驗與智慧，幫一般投資人大幅縮短在股市中摸索所需的時間。 更重要的是，許多寶貴的經驗並非人人都有機會接觸或學習，作者儘管身在日本，但所寫的內容也適用於台灣的投資市場。

看完本書內容後，我深刻地體會到，作者恨不得在本書中，一次把他所有的經驗都分享給讀者，所以對於一般

讀者而言，部分內容或許過於深奧。但我仍然期盼所有讀者都能花點心思，用心閱讀、思考、融會貫通，才不會辜負作者的用心良苦。

前言

面對市場時所有人都是孤獨的，做好準備才是上策

　　最近出版社向我提案：「能不能請你寫一本，適合公司新進交易員閱讀的股市交易教科書呢？」我們既然以股市交易為業，就必須控制風險並持續獲利，而散戶也非常關心我們的思考方式與做法。出版社認為這樣的內容一定有幫助，於是找我寫書。

　　我不知道自己能否充分滿足這樣的請求，但試著有系統地歸納重要的部分並集結成書，包括至今二十多年的交易員（自營交易員）職涯經驗，以及管理交易部門時考慮的事。

　　基金經理（避險基金、投資信託）、自營交易員、交易員、散戶……，市場上有各種身分的人在進行操作，我也有許多不同身分的朋友。

　　各種身分都值得尊敬，沒有優劣或上下關係，而且大家都十分熱愛市場，因此一定也有許多共通或深有同感的事物。**事實上，如果不討論組織構成或資金量，在市場上操作的人，包含散戶在內，該做的事都一樣。**

　　因此撰寫本書的目的，主要是希望幫助年輕人在專業操盤手道路上有所成長，並提供指導，對散戶而言應該也有所幫助，希望大家能或多或少在書中找到值得參考的地方。

　　此外，除了職業級的散戶外，我也希望從少額開始投資股票，或是有意願投資的一般散戶，能透過本書對股票市場產生興趣。大家享受市場就好，不需要像職業人士賭上人生般努力。

　　即使只是一點小錢，一旦投資某檔股票，你就會開始注意新聞和報紙。因為與自己切身相關，你也會開始對經濟感興趣。日本的資本主義經濟是以股份有限公司為中心，瞭解經濟知識、學習投資，其實是非常重要的。

　　我畢業於 1990 年代前半，剛進入公司就被分配到交易部門，接觸過各種不同的運用方式，包括以選擇權為中心的金融衍生商品、個股、多空策略、活用編程進行分析的系統交易等。

　　我一路見識過許多次市場劇烈震盪，包括阪神大地震、霸菱銀行事件（註1）、山一證券風暴（註2）、IT 泡沫、股市熱潮、雷曼風暴、311 大地震等。

　　即使自己剛畢業時什麼都不懂，只能靠著年輕和努力作為本錢，也逐步成長為交易員，直到能做規模不小的操作。

　　我原本自認已是合格的交易員，但後來到新加坡參與

避險基金的設立，認識一群在全世界運用資產的避險資金經理人，才瞭解到自己的格局有多麼渺小。現在我在總公司位於日本橋兜町的山和證券，與近 50 位年輕有為的交易員一同努力。

2005 ～ 2009 年左右，我開始感覺到「這樣下去不行」，尤其是在 2010 年以後，有段時間交易員甚至被挪揄是「瀕臨絕種」的職業。

我感受到許多後進已經陷入絕望，無法描繪未來的夢想。我不願看見後進在自己熱愛的市場中努力工作，卻變成這個樣子，因此我目前希望能建構一個環境，讓他們可以夢想未來的模樣，並積極追求自身的可能性。

目前我致力在山和證券培育未來的交易員，包含應屆和無經驗的求職者。有些人不到幾年就成為頂尖好手，能更進一步展翅高飛，這對公司、業界和市場來說都很重要。看到他們活力充沛地樂在工作之中，是最讓我湧現幹勁的事。

金融市場和大自然一樣，或多或少潛伏著危險。

我的興趣是水肺潛水，這對我而言不僅是最棒的休閒活動，也可以幫助轉換心情。不過，我能徹底放鬆、享受這項活動，是因為身邊陪伴著值得信任、經驗豐富的潛水導遊。儘管我有潛水證照，也具備自保的基本知識，但如果有人問我：「在水流突然變急時，能否自行冷靜對應」，我會回答：「沒有百分之百的自信」。

市場也一樣。我曾遇過好幾次出乎意料的狀況，原以為風平浪靜的市場突然發生劇烈震盪。這時候，在股票市場很難找到像潛水導遊般令人放心、能告知該怎麼做的人。交易員和同事或夥伴之間的感情再好，在盤中都是孤獨的。因此發生狀況時，不會有人告訴你要在哪個點位進出場。

面對市場時，所有人都是孤獨的，只能自己思考行動，然後獨自承擔結果，從這點來說散戶也一樣。而且，散戶不用拿證照、沒有任何基礎知識，一樣可以立刻進入市場。

「無論是專業操盤手或散戶，都應該先理解市場的潛在風險，學會保身的方法，再來享受這個世界」，正是我撰寫本書的初衷。如果你期待這是一本標榜「讓數萬元變成數億元」，或是「股市必勝法」的書籍，可能會覺得索然無味。我長年經營部落格（註3），而看過的讀者應該都知道不會有浮誇的內容。

本書中包含我以操盤手的身分，從一無所知的年輕人一步步成長，直到在業界小有名聲的親身經歷。有些內容是要在市場吃過苦頭、實際克服後才寫得出來。哪怕只有一丁點也好，我衷心期望這些經歷能為你帶來幫助。

金融市場中沒有絕對的答案，所以不需要模仿別人。正因為有各種不同的人，市場才會成立，你只能設法從中找出自己的生存之道。這或許是一條辛苦又險峻的道路，但如果你十分熱愛市場，肯定能吃苦當吃補，不斷成長。

請務必樂在其中，並且持續抱持熱忱。

註1：1995 年 2 月 26 日，任職於霸菱銀行新加坡分行的交易員尼克‧李森，在衍生性金融商品進行超額交易而投機失敗後，導致霸菱銀行損失 14 億美元並倒閉。

註2：1997 年 11 月 24 日，在日本擁有百年歷史的山一證券突然宣布倒閉，原因在於公司內部派系鬥爭與假帳問題。據官方資料顯示，該公司隱瞞的債務約為 2600 億日圓。

註3：「しがないディーラーのブログ」，譯為「渺小交易員部落格」，網址：https://ameblo.jp/tetsu219/。

Chapter 1

傳奇交易員
如何一個月賺兩億？

1-1 什麼是股市交易員？

在網路交易普及和通訊高速化後，投資人只要在網路下單，便能立刻成交。現在散戶的交易環境，幾乎和證券公司的職業交易員一樣。

　　大概只有日本才會用 Dealer 一詞來稱呼股市交易員。每次向外國朋友說明自己的職業時，如果自稱是 Dealer，他們肯定會面露疑惑，或是反問：「你說的 Dealer 是指賣車之類的嗎？」

　　國外的交易員通常稱為 Trader，代表交易投資商品的人，其中分成替自己公司運用資金的「自營交易員（Proprietary Trader）」，以及處理客戶買賣單的「執行交易員（Execution Trader）」。

　　無論是外資證券的 Proprietary Trader，還是日資證券的 Dealer，指的都是用證券公司自有資本進場並獲益的職業。

　　雷曼風暴之後，國際社會開始加強管制金融機構的暴

險。在美國，因為伏克爾原則（註4）和陶德－法蘭克法案（註5）等限制，外資證券或大型證券商等金融機構，已經很難讓交易員像過去一般從事高自由度的投資。近年來，確實少了很多只靠自身市場觀念進行自營交易的公司。

　　本書內容包含我在證券公司自營部門，擔任自營交易員時的操作方式，並述說二十多年的交易員生涯中，學習到的經驗和重點。

　　我希望本書可成為一本適合自營交易員的教科書，讓今後想在交易員這條路更上一層樓的年輕世代，從中得到收穫。若不論組織或資金量，其實交易員做的事情也適用於散戶，所以我認為本書的內容對散戶也會有幫助。

　　大約二十年前，日本出現網路證券公司後，個人的股票投資環境發生很大的變化（詳細內容將在第9章解說）。在那之前，大家都用電話向證券公司下單，證券公司接單後，再手寫傳票向交易所下單，是一個悠哉的時代。

　　網路交易普及和通訊高速化後，投資人只要在網路下單，便能立刻成交。**現在散戶的交易環境，幾乎和證券公司的職業交易員一樣。因此，散戶應該也能從交易員的交易手法中學到很多東西。**

註4：Volcker Rule，為 2010 年 1 月 21 日，由美國總統歐巴馬提出的最新金融改革方案，旨在限制金融機構承擔的風險，降低系統性風險的發生機率，內容主

要為限縮金融業規模與自營交易。

註 5：Dodd-Frank Act，全稱《陶德－法蘭克華爾街改革和消費者保護法》，於 2010 年 7 月 15 日由美國總統歐巴馬簽署，是 1930 年代以來美國改革力道最大、影響最深遠的金融監管改革。該法案旨在透過改善金融體系的問責制和透明度，以促進美國金融穩定，解決「大而不倒」的問題，保護納稅人與消費者的利益。

1-2　市場的參與者主要分三類

在操作自由度方面，散戶是第一名。但一般散戶的資金不多，雖然能不受束縛自由投資，資金面上能做的事情卻有限。想持續累積獲利，就必須有嚴以律己的自我管理能力。

在日本，有人說資產的「運用」就是「把運氣拿來用」，說到資產運用者（操盤手）有許多類型。當然，我們這些運用公司資金的交易員，也是操盤手的一種。

操盤手可概分成三種類型：

- 基金經理人
- 交易員
- 散戶

基金經理人是指受投資人委託來操作基金的人，例如避險基金或投資信託等。

避險基金或信託基金的投資經理人，會向投資家集資

當作本金來操作。舉例來說，投資信託是透過銀行或證券公司等金融機構，向許多散戶集資並設立基金，分散投資全世界的股市、債券、不動產或原物料商品等。

不過，這類運用基金的經理人必須提供客戶公開說明書，並依照其中寫的投資方針操作資金，絕對不允許偏離方針。

當然，基金經理人的操作自由度會隨公開說明書的內容而異，但不管是避險基金還是投資信託，基本上都不是自有資本，而是運用他人的資金，所以基金經理人無法隨心所欲地買賣，必須嚴格遵守事前向投資人提出的投資方針。

基金管理業務的操作自由度非常狹隘，但因為資金是向不特定的多數投資人集資，所以單一運用資產的規模會非常大，這也是優勢。當然，如果操作成績良好，新資金會不斷湧入，可運用資產規模便日益增加。如此一來，就能投資許多不同個股與資產類別，建構分散的投資組合。運用自由度低，但可操作龐大的資金，可說是基金經理人在操作上有趣的地方。

另一方面，散戶又是如何呢？說到操作自由度，沒有人能贏過散戶。他們運用自己的資金，所以能自由決定要投資什麼。日本有句話說「休息也是市場」，散戶不想持倉時，也不會被主管罵。**在操作自由度方面，散戶是第一名。**

相對地，散戶的弱點是操作資產的規模很小。當然也有極少數的散戶能操作 10 億、20 億日圓規模的資金，但大多數一般散戶的資金並不多，雖然能不受束縛自由投資，但資金面能做的事情卻有限。

而且，自由度高是兩面刃，因為沒人監督，在風險管理方面容易變得比較隨便，常見的情況是：好不容易賺到獲利，但一轉眼就賠光了。**所以，散戶想持續累積獲利，就必須有嚴以律己的自我管理能力。**

再說到交易員，給人的感覺應該介於基金管理人和散戶之間。**交易員可操作的資金額度，依所屬的金融機構而異。**如果是資本雄厚或資金週轉能力強大的金融機構，便能運用龐大的資金，但如果所屬的金融機構並非如此，手頭資金肯定較少。**此外，雖然交易員在操作上有相當大的程度是仰賴個人判斷，但必須遵守公司制訂的操作規則。**

相較於避險基金和投資信託的基金經理人，過去交易員的限制比較鬆散，但近年來交易員的操作自由度年年限縮，有些金融機構的限制甚至比基金經理人還要嚴苛。總之，請大家先記住：本書介紹的交易員，在資金操作上介於基金經理人和散戶之間。

1-3 交易員都是靠當沖賺錢嗎？

以當沖為中心的超短期買賣，不過是以前的交易員會運用的手法之一。當沖開始成為許多交易員的主力運用手法，與證券公司的雇用制度改變有關。

　　大家對交易員這個職業抱持著什麼印象呢？恐怕有很多人認為：「會短時間反覆進出場買賣股票，是非常投機且不穩定的工作」。散戶當中有一部分的投資人也是炒超短線，以分鐘為單位進出場，大概有很多人覺得他們和交易員一樣吧。

　　不管做多做空，持有的部位都會在當天平倉確認損益，不會保留到下一個營業日，這種交易手法稱為「當日沖銷（當沖）」。原本並非交易員擅長使用的方法，大約在 2000 年後，才開始極端偏向這種交易法。

　　原本交易員使用的交易手法更多樣，然而隨著公司提高操作限制，加上靠當沖獲利對交易員也相對輕鬆，於是許多交易員逐漸集中火力在當沖上。曾幾何時，當沖成了

交易員的代名詞。

1990 年代我還是新手時，日本股市尚未脫離泡沫化的影響，日經平均指數（以下簡稱日經 225）找不到上漲的契機，因此持續低迷。

雖然處在那樣的時期，我第一家任職的證券公司中，交易部門的交易員前輩們真的是用盡各種手法，每天和股市奮戰。

舉例來說，有一種手法叫「套利」，他們會比較日經 225 這類由現股構成的股票指數，和與其連動的期貨價格，當現股的價格在理論上被低估時，就整筆買進該指數構成的現股，並平倉期貨（賣期貨買現股）。相反地，當現股理論上被高估時，就平倉現股並買進期貨（賣現股買期貨）。

有些人的交易是用個股搭配可轉換公司債（CB），或附認股權公司債。有人採用多空策略（賣出被高估的股票並買進被低估的股票），也有人選擇「搭配複數選擇權交易做策略投資」的方式，還有人如前述，以當沖為中心專做超短期買賣。

以當沖為中心的超短期買賣，不過是以前的交易員會運用的手法之一。當沖開始成為許多交易員的主要運用手法，與證券公司的雇用制度改變有關。

過去幾乎沒有成功報酬制，就算賺 10 億日圓，頂多只是獎金變多或是獲得表揚。以前交易員大多都是隸屬證

券公司的正職員工，理所當然地要負責教育和指導新人，所以交易員之間具有前輩和後進、主管和部屬的關係。

到了 2000 年後，交易員逐漸轉為契約制，理由在於成功報酬的暴漲。一般來說，歐美的避險基金會支付獲利的 20％給操盤手作為成功報酬，相較之下，當時日本交易員的報酬顯得相當低，導致不滿聲浪高漲。許多證券公司為瞭解決這個問題，引進成功報酬制。

但這又讓其他業務的正職感到不滿，覺得「為什麼獨厚交易員」。為了讓成功報酬制正當化，於是逐漸轉為契約制，理由是「有一年一約的雇用風險，所以高成功報酬很正常」。

在推動契約制後，交易員被解雇的風險提高，因此逐漸專注在自己的獲利上，不再栽培後進或部屬，公司也把契約交易員視為食客。

大多數的證券公司認為，即使承擔費用和風險培育人才，等他們會賺錢之後，就會被其他條件更好的公司挖角，於是不再培育年輕人才。結果導致必需的知識和經驗不再傳承，多數交易員無法從前輩身上，學到需要大量學習、研究和技術知識的複雜交易手法，因此將心力傾注在手法單純的當沖上。

此外，待遇的差距加深管理部門和交易員之間的鴻溝，管理方和交易員都逐漸偏向做法比較輕鬆的當沖。不知不覺間，當沖成為股市交易員的代名詞。

　　目前，又逐漸產生轉變，東京證券交易所在 2010 年啟用新一代的箭頭交易系統，可以用毫秒（千分之一秒）為單位高速成交，大幅縮短下單到成交的時間。

　　在歐美具壓倒性交易比重的 HFT（High Frequency Trading，中文稱為「高頻率交易」）以此為契機，大舉進入日本股市。這種交易方式是在毫秒單位以下的極短時間內，使用電腦系統進行各種交易，以賺取小額的利差。

　　日本引進 HFT 後，直接衝擊到專注於當沖的交易員。委託單資訊的變動方式產生根本性的改變，導致交易員無法參考委託單資訊來判斷交易狀況，或是因為委託單的變動速度過快，使下單無法趕上變動速度等狀況。各公司的交易部門相繼縮小規模、撤退或關閉，令交易員的人數大幅減少。

1-4 交易員的操作手法，大致有四種

如果所有人都採取超短期買賣，就很容易持有類似的部位，分散交易手法可讓各交易員的持有部位產生差異，對公司整體來說，算是一種避險方案。

　　我現在隸屬於山和證券，總公司位於東京的日本橋兜町，是一家經營規模較小的地方證券公司，無法和大型證券公司相比，但在交易領域上，我們的實績在業界堪稱頂尖。

　　截至 2017 年 12 月，本公司交易部有 48 名交易員。2015 年 4 月成立大阪交易室，2016 年 4 月也開始啟用新加坡交易室。

　　山和證券交易部的特徵是推動交易手法多樣化。如前所述，日本的交易員從 2005 年開始，因為成功報酬制普及，主要的獲利手法變成當沖。但 2010 年 1 月東京證交所引進箭頭系統後，HFT 大舉來襲，過去靠解讀委託單做當沖獲利的交易員，要勝出變得極為困難。為了對應時代

潮流，山和證券領先業界，推動多樣化的交易手法。

　　我認為以下的內容也能讓散戶當作參考，因為現在散戶身處的投資環境，與職業交易員沒有太大的差異。

　　應該有許多散戶抱持著這樣的煩惱：「解讀委託單太困難，短期交易賺不到什麼錢。」既然如此，就別再拘泥於當沖，應該嘗試其他的交易手法。

　　附帶一提，山和證券內部當然有靠當沖獲利的交易員，但也有許多善用各種交易手法在市場奮戰的交易員，主要的交易手法如下：

 ① **超短期買賣（當沖）**

　　這種手法也稱為搶帽子。持倉不過夜，當日平倉了結。這是一種靠極短期的股價變動來獲利的投資手法，目前採用這種方式的交易員依舊占大宗。

 ② **短線交易**

　　這種交易法會持倉過夜，但不是長期持有部位，而是從數日之內的股價變動獲利。這也是交易員愛用的交易手法。

③ **中長期投資**

　　中長期投資不像當沖或短線是靠股價的變動獲利，而是把重點放在分析企業的基本面，以中長期賺取高報酬的交易手法，比較接近投資信託的基金經理人。

　　此外，還有一種方法稱為「多空策略」，是搭配被高估的空頭部位和被低估的多頭部位，持有較長時間並從中獲利的操作手法，以時間軸來看也屬於中長期。

④ **衍生性金融商品**

　　英文是 Financial Derivatives，有不同的操作時間軸，期貨交易或選擇權交易就屬於這一類。包括利用期貨或選擇權的超短期買賣和各種套利，以及基於策略進行的部位交易等，涵蓋的交易手法可說是包羅萬象。

　　衍生性金融商品交易相當複雜，光是要講解基礎知識便能寫成一本書，不過本書的目的不在於此，所以第 6 章僅針對其特性、歷史與一般知識進行解說。

　　正如上述，**交易員有各種不同的類型，大家會選擇適合自己的手法進行交易。乍看之下相當分散、沒有統一感，但這對公司整體來說也算是一種避險方案。**

　　如果所有人都採取超短期買賣，容易持有類似的部

位，若是交易手法分散，可讓各交易員的持有部位產生差異。從結果來看，有些時候能藉此度過嚴峻的局面，例如：在當沖無法獲利的局面，靠中長期的多空策略依舊能確保獲利，整體不會產生太大的損失。

Column
「不准賠錢」這句話會壓垮交易員

　　我目前職稱是交易部經理，負責做整體的管理，已經不需進場操作並持有部位。

　　其實在業界中，從交易員爬上來的交易部經理相當少見，因此我時常在想：管理層當中，到底有多少人確實理解「為了操作股票獲利，應該容許多少風險」？

　　在 2010 年以前，我還是一名交易員時，業界可容許的風險相當高。我曾經單月最高損失 6486 萬日圓，當時公司給我的單月虧損上限是 7000 萬日圓。然而，現在已很少看見，交易員能被允許如此高的風險。

　　的確，公司能夠容許的風險必須考量各種要素，例如：公司的經營狀況、資本力、資本適足率、獲利能力等。儘管操作股票必須獲利，卻有交易部經理毫不在乎地要求交易員不准賠錢，這實在毫無道理。但讓人驚訝的是，我看過好幾個

這樣的交易部經理。

　　交易員的工作，是在被容許的風險範圍內和市場搏鬥，創造出高於風險的獲利。 在我單月損失 6486 萬日圓的時期，單月最高獲利可以超過 2 億日圓。當時公司正是理解到這一點，才會在後面支持我，讓我成長茁壯。

　　要擊潰交易員不用拿刀子，只要一句「不准賠錢」，就能扼殺交易員的可能性。在判定「股票交易賺不了錢」，並責備交易員之前，應該仔細思考是否有依照交易員的能力或實績，賦予他們適當的風險額度。

插圖◎高木一夫

1-5 一個月賺兩億，我的一天行程如何安排

交易員這個職業總給人光鮮亮麗的印象，但頂尖好手之所以頂尖，是因為他們都嚴以律己，努力不懈。

　　我還在第一線時，是如何度過每一天呢？我把它整理成**圖表 1-1** 供各位參考。

　　收盤後要做的事情，光是大致列出來就跟山一樣多。反省、確認和準備工作需要花費許多時間。過去在收盤後還要整理傳票和核對，因此我年輕時幾乎每天都在公司待到三更半夜。

　　不管是什麼交易，如果想獲利，就不能怠慢準備和努力。據我所知，頂尖好手都是一群嚴以律己、努力不懈的人。

　　交易員這個職業總給人光鮮亮麗的印象，大家往往關注他們的收入或花錢方式，但頂尖好手之所以頂尖，是有原因的。

圖表1-1 ▶ 我現役時代的每日行程

四點	起床
四點～五點	確認美股到收盤為止的走勢，同時確認睡覺時發生的新聞或消息。確認日本市場相關個股的動向等。
六點左右	通勤，在電車上仔細閱讀《日本經濟新聞》。
七點左右	進公司，確認當天的消息或行程（大致記下當週的事情）。 利用資訊裝置等，確認其他新聞或消息。依據收集到的資訊，針對當天的市場動向擬定交易劇本。
八點	交易所開始接單。確認委託單，觀察買賣單狀況，確認是否有不協調之處、和自己預想的劇本有無差異。
九點	開盤。這個時段，市場的波動比較大，也是超短期買賣的機會。不過，供需關係容易出現非預期的波動，所以我大多一直觀察到價格相對穩定為止。
盤中	集中交易。
收盤	收盤前股價比較容易有波動，所以是超短期買賣的機會。從當日的股價變動，可推測出這個時段的波動及供需，所以我會積極參與。不過，有些證券公司會限制這個時段的交易。

盤後	確認和反省自己的交易內容，再次確認自己在盤中的行動是否適當。 ・超短期買賣（當沖會對照跳動點圖，逐一確認）。 ・分析觀察股的圖表（我自己有近 900 檔）。 ・檢查主要指數、匯率、利率、商品等圖表。 ・分析財報或指標。 ・收集數據、分析程式。 ・列出下個交易日預定交易的個股，並存入觀察股名單。 ・如果交易目的是做短線，先確認和登錄進場價格、停損、目標價位。
盤後	對於選擇權策略等部位，會以模擬的方式再次計算和修正對沖計畫。 分析、整理中長期持有個股的相關消息與新聞。 進行其他研究。
傍晚	持倉或有交易機會時，會利用夜盤交易。 有時參與交際應酬，在這類活動中獲得助益。
晚上	持倉或有交易機會時，會用夜盤或到海外交易所進行交易（任職於有這種環境的公司時）。

1-6 對於「靠做空賺錢」這件事，我認為……

交易員不僅要在上漲時賺錢，即使在盤整或下跌趨勢中也必須獲利，所以應該認真面對「做空」的選項。

　　過去在交易部門，操作個股的交易員當中沒多少人擅長做空，甚至還有資深交易員主張「股票要從做多開始」，這或許是因為他們覺得看空行情對市場不好。但在擅長操作金融衍生商品的交易員當中，喜歡下跌行情的人應該占壓倒性多數。

　　我還在第一線時，也喜歡恐怖但有緊張感、會讓人腎上腺素大增的市場暴跌。因為下跌時的速度和股價波動都會比較大，是非常吸引人的獲利機會。

　　稍微思考一下，便發現這也是理所當然，因為大多數的投資人會用各種方式買進股票並持有，其中包括日本政府年金投資基金（GPIF，以下簡稱年金）或企業交互持股等。所以在股價上漲時，獲利只會不斷增加，只要靜觀或停利即可，不需要慌張。

然而，若股價大跌，他們持有的部位或投資組合便會產生巨大的損失，於是不得不採取防衛行動，進行避險或認賠殺出，或是因產生追加保證金而強制停損。此時市場投資人容易受情緒影響，導致行情暴跌，波動性也會增加。

在操作選擇權方面，這時候賣權的隱含波動率將高居不下。波動性在暴跌市場中會增加，但在暴漲市場卻難以增加，是因為暴漲時，市場參與者的部位會壓倒性傾向買方，但避險需求只有在下跌方向會增加。雖然用布萊克－休斯模型計算時，隱含波動率看起來會上下對稱，但這種情況源自市場供需，無法靠公式計算出來。

但其實，做空的風險相當大。股市有句話：「股價無上限」，下跌的極限就是歸零，而上漲在某個角度來說則是沒有極限。有人把賣空（包含期貨等做空）比喻成「未來的做多」，因為賣掉的部位遲早要買回補平，這個舉動也會引發俗稱「軋空」（參照第 2 章第 4 節）的現象。

另一方面，在暴跌局面中，有時會因為有人回補而停止下跌。如果所有人都做多，當市場暴跌時，很難有買單入場，可能會使恐慌更加擴大。

在市場成熟的先進國家，經濟成長率不會太高，市場絕不會只漲不跌。或許有人覺得「靠造成股災的暴跌行情獲利是一種罪惡」，但如果因為工作需求，必須用中立態度面對市場，基於合理的運用方針讓獲利最大化，那麼靠暴跌行情獲利也無妨。

確實，我曾因為靠做空獲利而感到過意不去，也曾好幾次捫心自問。但既然我的工作是在行情變動中尋找獲利機會，就應該把個人情感擺一邊，用最佳方式運用自己分配到的部位，將獲利最大化。

過去在震災時，有位後進交易員也有同樣的煩惱，我告訴他：「既然這是工作，就應該把個人情感擺一邊，全力做好最恰當的交易。然後，去當志工或捐款，才是你個人能盡到的心力。」

不管是上漲、下跌或盤整行情，交易員都必須持續獲利，所以在思考這份工作時，必須正視做空的選項。

NOTE

NOTE

當沖、短線、中長期
投資，都難不倒我！

2-1 進行交易前，要先做兩個基本動作！

交易是不停重複基本交易流程並增加獲利，一旦流程從某處開始瓦解，交易就會變得不順。

　　如前文所述，職業股市交易員都有自己擅長的交易手法，主要包括超短期、短線、中長期、衍生性金融商品等，本章會分別說明以上幾種手法，深入挖掘其中的特徵和重點。

　　不管是哪種策略或手法，要妥善操作與進行交易都有共通之處。儘管這些都是理所當然的事，但在瞬息萬變的市場中持續交易時，卻經常被忽略，因此本節要解說所有手法共通的交易基本動作。

基本動作 1　確立交易的目的與依據

　　釐清自己想透過該筆交易得到什麼，是很重要的事。**不管是哪種交易手法，都要先確立交易的目的與依據。**只

要做到這一點，就能減少不必要的混亂。

當沖等超短期買賣中，交易目的是靠極短時間產生的價格變動獲利，所以交易時應該觀察或考慮的要素其實非常單純。

如果是短線等持倉時間稍長的交易，就會出現其他要素。應觀察或考慮的要素會隨時間變長而增加，例如：經濟統計等宏觀事件、財報發表或其他個別企業活動、以圖表為基準的價格變動等。若是要持倉過夜，還要預測歐美市場的動向或事件。

到了中長期交易，基本面變化造成的影響會增加，必須根據各種因素，判斷股價相對於個股成長性或企業價值，是被高估或低估，再持有部位。這些因素包括經濟成長、宏觀政策、企業成長、科技變化或業界變化等。

請先確立以下的操作方針：期間是多久、資金規模是多少、哪種交易手法、以多少獲利為目標（能容受多少風險）。 如果是股市交易員或基金經理人，前提條件可能會依所屬公司或操作的基金規定而異，也必須遵守。

實際在市場進行交易時，都要遵守這些前提條件，同時必須確實釐清每一筆交易的目的與依據。如果操作方針失去合理性，或混雜不同的操作方針，可能導致大失敗。

舉例來說，某次遇到行情暴跌時，我曾聽到一位做當沖的前輩交易員看著一檔股票的價格，不斷地說：「業績這麼好，股價怎麼會下跌？」

那檔股票業績的確很好，但股市總是有蕭條的時候。他可能覺得是好股票，所以炒短線建立大量多頭部位，然而市場環境惡化，讓炒短線的人紛紛停損出場。當時，該名前輩交易員不顧自己採取的方針是當沖，一直持續攤平（買進後隨著股價下跌而持續買進），結果達到虧損上限，因此被公司停止交易。

這個案例明明是做當沖這類超短期買賣，卻一直在看基本面，而沒有考慮到目前的股價位置、需求分析和市場整體狀況。

如果是中長期投資，必須依企業的成長性或業績變化來獲利，遇到股價停漲下修時，可用不同的方式應對，例如：選擇按兵不動或用其他方式避險，或者是當作增加投資金額的機會。做超短期買賣，卻在股價停漲下修的局面持續攤平，實在很不合理。

如上所述，即使已經設定妥善的操作方針，但在實際交易時，投資的目的和依據一旦背離方針，就算交易的個股再好，也無法順利獲利。

執行的是何種操作？在此前提下，應該觀察什麼、如何判斷、靠什麼獲利？這些問題非常重要，因為你應該觀察的事物會因此改變。

圖表2-1 ▶ 基本交易流程

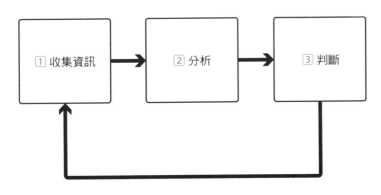

基本動作 2　確實執行「基本交易流程」

在進行判斷時，理論上都應該要依循一套固定流程，但交易時間越短，越容易輕忽基本交易流程。

這裡說的基本交易流程，是指下一頁的**圖表 2-1** 所示的①收集資訊→②分析→③判斷。不管採用何種交易策略，基本上都要重複這個流程，以下解說這三步驟的重點。

① 收集資訊

不管是短期或中長期操作，收集資訊（數據）都非常重要。應獲取的資訊內容會依交易手法或操作期間而異，但收集資訊是所有交易的基礎，重點在於「該觀察什麼」。

此外，雖然獲得大量資訊很重要，但更重要的是整理

資訊，也就是決定資訊的優先順序或取捨。常見的錯誤是，囫圇吞棗各種資訊，反而被牽著鼻子走。為了避免這種情況，更應該配合交易的目的和依據整理資訊。

② 分析

依據收集到的資訊進行分析。這個步驟其實就是「思考流程」，若流程欠缺合理性或理論性便無法成立。我看過很多人在使用技術分析時用錯方式，或是誤解該指標的特性及意義。這點在基本面分析也是一樣，為了執行正確的分析，必須確實學習分析的方法和思維，並做好回測或驗證，才能成為可安心使用的工具，確立思考流程。

③ 判斷

依據分析結果，決定「該做什麼」。由於做出判斷的是人，結論就會因人的個性而產生差異。如果確實做好前面的收集資訊和分析兩步驟，便能做出一定程度的穩定判斷。但在變動的行情下，任何人都會因不安、期待或焦躁等情感，使判斷產生無謂的偏差。

其實能否做出穩定的判斷，取決於是否確實看清自己。「心理控制」是否確實，比收集資訊或分析更為重要。交易期間越短，判斷越容易受情感波動影響。尤其是做當沖時，幾乎沒有緩衝時間讓你恢復冷靜，很難客觀地看待自己，所以必須特別留意。

　　上述基本交易流程，不僅在建立新部位時相當重要，在建倉後要停利或停損時，一樣必須經過這個流程。交易其實就是不停重複這個流程，並增加獲利。

　　不管是哪種策略，都要經過這個流程，不過應收集的資訊內容、應觀察的重點或優先順序，則會依交易期間和策略而異。

　　一旦流程從某處開始瓦解，交易就變得不順遂，請記住這一點再往下閱讀。接下來，介紹三種策略的特徵和適合哪種個性的人。

2-2 做當沖，最重要的是買賣時機

超短期買賣的獲利源頭是短期的股價變動，想在極短時間內賺價差，買賣時機比任何事情都重要。

　　這種交易手法可說是股市交易員的代名詞，利用此手法交易的人現在還是占最大宗。當沖要求的資質是心理控制、瞬間決策力和判斷力等，條件接近運動選手或賭徒。

　　由於必須在短時間進行前述的基本交易流程，所以要簡化應檢查的事項。此外，在收集資訊方面，基本面相關資料難以成為短期的變動要因，所以優先順序較低，唯一的例外是要靠財報公布後的股價變動來獲利時。

　　假如基本面中有意外性的要因，修正財報後股價將大幅變動，如果要抓這個時間點獲利，必須先觀察業績狀況，或股價已提前反應到哪種程度。

　　超短期買賣的獲利源頭是短期的股價變動，想在極短時間內賺價差，買賣時機比任何事情都重要。

　　此外，這種方式一天內會頻繁交易，所以講究速度與

當機立斷。要是因為一點小事而導致節奏亂套，便容易陷入泥沼無法抽身。常見的狀況是：剛開始交易狀況順遂，於是開始掉以輕心，逐漸放鬆風險控管，甚至隨意決定進出場時機，導致虧損。

這時若急於再進場扳回一城，反而容易越賠越慘，不僅毫無效率，也只會徒增無意義的交易量。若是持續這種不合理的交易，將進一步擴大損失，我自己也有好幾次這樣的經驗。

在超短期買賣中，大多時候「看清自己」比「看清市場或個股」更加重要。知道哪個時間點該放手一搏、懂得克制自己不貿然出手、具有「贏要衝輸要縮」的平衡感、擁有瞬間判斷力、不因一次失敗就耿耿於懷等，都是重要的素質。

交易員的工作，並非一流大學畢業的聰明人才能勝任並獲利。有許多案例是，越優秀的人反而越無法認清自己的錯誤，導致太晚停損而產生致命損失，或是迷失自己。自尊心高或是一旦在市場虧損就會激動的人，不適合做當沖等超短期買賣。

要穩定操作超短期買賣，重要的不在於聰明與否，而是能否在變動的行情中不迷失自己。從這個角度來說，曾在體育競技中體驗過輸贏或精通賭博的人，比較適合超短期買賣，因為他們從過往經驗中，瞭解到要如何認賠出場才能在下次獲利，而且可以在任何局面保持冷靜。

Column
小心「胖手指」惹禍

　　人在交易時難免犯錯，不僅會誤判行情，有時還會按錯鈕。我自己曾犯過幾次大錯，但還不至於像「J Com 股票大量錯單事件（註6）」那麼嚴重，甚至衝擊公司。

　　有一次發生在早期，當時還會公布證券公司的個股買賣數量。有一檔高價股突然湧進十幾萬股的限價買單，我心想：「喂喂！是誰啊？這麼大手筆」，結果那個人就是我自己。

　　後來我慌忙取消訂單，但大筆買單的資訊已經被公開，會場還廣播：「○○證券，○○（個股名），買○○股」，讓其他公司的交易員都打來問：「剛才那張買單是工藤你下的嗎」，讓我很想找個地洞鑽進去。

　　又有一次我用選擇權建倉，在交易所的裝置下單，想賣掉價外賣權，卻發現相同履約價的買權出現大量賣單，原來是我下單時把賣和買搞錯

了。

除此之外，我還曾搞錯過電腦和下單裝置的鍵盤，結果連續按到期貨的買單。

我曾因為這些錯誤而受到慘痛教訓。不過，為了管理部門的名譽，我必須事先聲明，這些錯單都是在我被允許的操作範圍內，並非公司的管理體制有問題。

2010 年 6 月 1 日，我和夥伴一起成立避險基金，摩拳擦掌準備開始交易。沒想到當天開盤時，日經 225 指數期貨突然湧進總價超過 9 兆日圓的限價賣單。

我大吃一驚：「該不會是我們下的單吧？」確認不是我們下的單後，準備開始交易時，卻接連有電話和郵件進來，大家都跑來問我：「工藤，你的避險基金是今天開始交易吧？那筆大單該不會是你下錯的吧？」

其實，這麼大筆的單要在系統化的下單環境，才能夠執行，事後才得知是歐系券商的問題，但那天我先是嚇出一身冷汗，又被人懷疑，實在是哭笑不得。

最近系統的控管比以前更嚴謹，但還是要注意千萬別下錯單。

註6：日本瑞穗證券公司有位交易員，原本要以61萬日圓賣出 1 股 J Com 電信公司股票，卻誤輸入為以 1 日圓賣出 61 萬股。這筆錯單與後續相關處理，導致該公司損失逾400億日圓（約新台幣 100 億元）。

2-3　短線交易時，要懂得退一步觀察潮流

如果股價在一天內達到既定目標或跌到停損點，當然應該停利或停損，但如果沒有大的利空利多，卻時常發生這種狀況，代表進場依據本身有問題。

　　短線交易的持倉時間大約在數日到數週之間，是在以當沖為代表的超短期買賣中，加入跨日的要素，也就是「持倉過夜」。是否跨日是當沖與短線交易最大的差異。

　　2010 年 1 月東證的箭頭系統上線和 HFT 急速湧進，對交易員帶來巨大的衝擊，再加上交易所的檔位最佳化（參照第 9 章），也讓以當沖為主要操作方式的交易員身處逆勢，於是許多人從當沖改成做短線。

　　當沖以極小獲利為目標，像是「買一元賣兩元」，買賣速度是重要關鍵。若是缺乏瞬間判斷力和能快速執行交易的環境，很難進行有效率的超短期買賣。

　　職業交易員在過去有壓倒性的環境優勢，但網路在1995 ～ 1999 年開始普及，網路券商跟著嶄露頭角，逐漸

縮小交易員和散戶的交易環境落差。

最關鍵的就是東證箭頭系統的啟用，使得在歐美買賣比重非常高的 HFT，一口氣湧進東京市場，HFT 能用遠超乎人類的速度和頻率反覆進出場，席捲日本股市。

倖存的交易員則致力因應市場的變化，摸索不與 HFT 正面衝突的交易手法。其中一種做法，是採取比較不容易受交易速度影響的短線交易，也就是改用時間軸更長的交易方式。

短線交易的前提，是一定程度地擴大手上持有的部位，包含持倉過夜在內。換句話說，必須有一定程度的耐心。交易員一整天都在觀察市場和盯盤，所以很可能受價格變動影響，不小心就出手下單，或是賣掉原本打算持有的部位。

為了避免這種狀況，「與市場保持適度的距離感」顯得格外重要。如果股價在一天內達到既定目標或跌到停損點，當然應該停利或停損，但如果沒有大的利空或利多，卻時常發生停利或停損的狀況，代表你的進場依據本身就有問題。

另外，如果持有的部位過大，有時會禁不起損益的波動，無法長期持有。如果建置大部位是勇氣，守住小部位不賣也一樣。必須確實理解自己預期的獲利與背後的風險，再控制部位的數量。

不要太深入盯盤，要與市場保持適當的距離感，並保

持部位平衡。就這幾點來看，該觀察的地方和超短期買賣不同，除了需要更高一層的分析能力，進場依據也必須更有邏輯。短線交易需要能退一步觀察潮流的客觀態度。

2-4 中長期投資，重點在於懂得估價與分散標的

中長期操作最重要的是分散。投資有賺有賠，所以不要冒壓錯寶就賠大錢的風險，操作的時間越長，越要分散標的。

　　中長期投資的交易方式，是在某段期間內持有部位。「中長期」一詞沒有明確的定義，這裡以數週～數年的時間軸為前提進行說明。

　　由於持有時間大幅延長，相較於超短期買賣或短線交易，事前應檢查的重點增加，判斷時更重視經濟或企業的基本面。前兩種交易中重視的技術分析，雖然能夠在中長期投資中派上用場，但只能視為參考指標。

　　2010 年交易業界的生態大幅改變之後，這幾年增加不少採用中長期交易策略的交易員，許多人都交出很棒的成績單。

　　中長期投資單純是指持有部位的期間，實際樣貌可說是五花八門，以下舉兩個代表性的例子。

🪴 ① 多空策略

　　這是最具代表性的操作方式，正如「多空」兩字所示，搭配做多和做空，將市場方向性造成的風險降到最小。許多避險基金都採用這種策略。

　　持有部位的期間越長，損益就越容易受整體行情的變動影響。即使買進再好的個股，也不會持續上漲，在上升趨勢中，一定有價格下修的調整局面。有些操作者非常喜歡多空策略，因為他們即使在價格下修的情況下，也不能有巨大虧損。

　　舉例來說，證券公司的交易部門大多會規定「單月虧損上限」，更嚴謹的公司甚至規定當日虧損上限，但這類公司在現實上恐怕難以做中長期操作。

　　達到月間虧損上限後，該月就無法繼續交易，這對交易員來說是生死存亡的問題。所以，搭配多空策略的買賣組合，除了行情上漲以外，下跌時也能獲利，屬於合理的策略。

　　但當行情一路上漲時，多空策略便陷入苦戰，常會出現「放空基本面不佳或被高估的個股，但該個股卻被行情帶動而上漲」的狀況。而且，如果個股的信用交易有大量賣單，還可能會有軋空的風險。

　　軋空的意思是指，當使用信用交易掛賣單時，一旦股價出現上漲，反而擴大損失的狀況。此時，持有該部位的

投資人必須抱著損失的覺悟，從市場買股票回補平倉。這個操作會讓股價再次上漲，導致其他使用信用交易建賣倉的投資人，不得不跟著回補空倉，產生買股的連鎖反應，加速股價上漲。這就稱為「軋空行情」。

軋空行情開始上軌道後，股價便會漲到原本不可能有的價位，使放空的投資人蒙受鉅額損失。**這類因短期供需而使股價出現異常價位的狀況，會對根據基本面建倉的多空策略帶來巨大風險。**

另一方面，從長期來看，軋空局面的股價大多相當異常，或許是建新空倉的機會。

重要的是依據自己目前身處的環境、操作規則、操作資金的性質、損失容許度等，控制部位和風險的量。

多空策略有各種操作方式，有重視成長性、以業績變化大的中小型股為目標的操作，也有利用相同業種間的價差獲利的方式，還有做多績優股、同時在股市指數期貨放空指數的方式。預期獲利或風險，也會依操作方式的不同而異。

② 僅做多

正如其名，只做多的操作方式。這種手法在有規定「單月虧損上限」的交易部門非常罕見，但在投資信託中則十分常見。僅做多可分為成長投資和價值投資兩種，前者是

投資未來可望大幅成長的企業，後者則是投資股價相較於企業價值被低估的股票，這兩種的獲利目標都是優於標竿股價指數（大盤）。

附帶一提，日本股的標竿通常會用東證股價指數（TOPIX）和 JPX 日經 400 等。不搭配做空，只靠做多的操作方式，在牛市可期待高額獲利。相反地，行情走跌或進入盤整時，也會產生相對的損失。

盤整時間短倒還好，如果下跌趨勢拉長，很可能造成持續虧損。**過度相信「投資的是績優股，所以沒問題」，將導致嚴重失敗。**

如果身處的環境能允許某種程度的虧損倒無妨，倘若是自己的錢，便自負盈虧。但如果因為虧損額超出預期的風險，導致手上的績優股必須停損，確實堪稱憾事。重點在於理解自身的風險容許度，思考是否要選擇這種操作方式，或是能否在風險容許度內控制損失。

不管是以月還是以年為單位，交易部門和避險基金都要求持續獲利。不管行情是牛市、熊市還是盤整，都必須採取能獲利的操作方式，幾乎不允許靠牛市能賺大錢，遇到熊市卻產生相對損失的操作方式。

投資信託會用績效是否優於大盤來評估好壞，只要挑選較好的個股進行投資，讓績效優於大盤，便能獲得一定程度的好評。即使基金的操作成績是負值，下跌率若能低於大盤，也可說是操作卓越。

以上兩項是最普遍的操作手法，若再細分還有很多不同方式。舉例來說，許多避險基金會觀察世界局勢進行操作，不過幾乎都是歐美的避險基金，源自日本的「全球宏觀」基金可說是相當罕見。

話說回來，在中長期投資中挑選個股有許多方式，不過通常是以企業分析為基礎，篩選出應該做多或做空的個股。**此時重要的是，不能只憑個股是優良企業就做多，而是要看估價是否恰當。換句話說，要比對該企業的股價，相較於價值、成長性或未來的股價預測是否被低估，投資人必須對股價有一定的判斷基準。**

這項作業近似於分析師。為了確實建立基本面或估價等判斷基準，必須理解該企業參與的事業內容和業界情況。這類學習和研究是投資判斷的基礎，因此最近有不少分析師出身的避險基金經理人。

中長期投資最重要的是分散。當可運用資金不多時，你可能想集中投資在自己認為最好的個股，這樣做如果壓對寶就能得到巨大獲利，確實也有散戶因此成功。但投資有賺有賠，不要冒壓錯寶就會賠大錢的風險，確實分散投資個股比較重要。操作的時間越長，越要分散標的。

如果是當沖等超短期買賣，過度分散反而會造成反效果，因為超短期買賣必須隨時做出即時判斷。人類無法同時觀察多個標的，並即時進行判斷或處理，因此必須控制在可顧及的範圍內。

　　相反地，進行中長期投資時，需要做瞬間判斷的情況比較少，因此投資人比較能同時操作一定程度的分散標的。

　　另外，中長期投資還必須分析市場供需，例如：前面介紹多空策略時曾提到的軋空。個股在信用交易有大量空倉時，較容易發生軋空狀況，這類個股儘管業績等基本面不佳，有時卻可能因供需而導致股價暴漲。反之，信用交易中有大量多倉的個股則可能發生大跌的情況。為了不受這類風險（股價大幅變動）波及，最好事前針對投資組合內的個股，進行需求分析。

NOTE

NOTE

超短期買賣（當沖），
該怎麼賺到錢？

3-1 做當沖，開盤前務必先做好功課！

事前收集並分析基礎資訊，才能大致理解價格在一日之內的變動原因，並進行預測，或是察覺預測和實際變動的差異所產生的不協調感。

　　做超短期買賣時，需要什麼事前準備？過去有許多做超短期買賣的交易員，不用看新聞，也不需要做分析，只要在開盤前一刻到公司，觀察委託單再進行交易即可。但股市沒這麼好混，如果你能靠這種方法一路贏下去，八成擁有天才般的投資靈敏度。

　　我也有一段時期迷上當日沖銷，並且投入大筆資金。當你冒著如此大的風險，就算是當沖，盈虧也會有相當大的振盪。如果此時完全不做準備，在缺乏足夠依據的狀態下交易，心臟恐怕會承受不了。所以，從維持心理層面的觀點來看，即使是當沖，我也不會輕忽事前準備。

　　為了在短時間內重複進行同樣的交易流程，交易員必須盡可能簡化在盤中關注的資訊，因此應事先收集並整理

好其他的基礎資訊。

　　或許有人不需收集資訊也能交易，但是否做好事前準備，帶來的些許差異經常會決定勝負。正因為事前收集並分析基礎資訊，才能大致理解價格在一日之內變動的原因並進行預測，或察覺預測和實際差異所產生的不協調感。

　　為了在股市獲利，不管是早一步或兩步都好，必須比其他市場參與者更快洞察先機。如果沒做好準備，事後才去調查或思考股價變動的原因，肯定會失敗。不怠惰於事前收集資訊，一步一腳印累積分析預測的功力，便能逐漸領先其他的市場參與者。

　　下頁的**圖表 3-1** 是我擔任交易員時，每天都會進行的資訊收集流程。

　　或許有人會這麼認為：「當沖的事前準備有必要做到這種地步嗎？」但透過事前準備，大致理解股價變動的背景後，盤中須觀察的資訊就會變得單純，心思也能集中在交易本身或對交易的判斷上，更快做出應對措施。

　　超短期買賣必須在一天之內反覆進行「①收集資訊→②分析→③判斷」的基本交易流程。**為了妥善、有效率地進行交易，應盡可能在盤中以外的時間，完成基本的資訊收集。**

　　圖表 3-1 列舉的是每日例行公事，另外還有每週要調查的事情，如籌碼面、未平倉餘額、投資信託相關資訊或個股成交狀況等。

圖表3-1 超短期買賣的資訊收集流程

	作業內容
早上 （開盤前）	・確認歐美市場的動向（股市、匯率、商品、利率），確認圖表。 ・確認日本股相關交易的動向，例如：衍生性金融商品、PTS（註7）、ADR（註8）。 ・調查該時段的新聞或事件，配合市場動向整理資訊。 ・確認日本的報紙或新聞，整理出會影響市場的內容和個別的利多、利空等。 ・確認當天預定發表的經濟統計、企業業績等，並記住其預測值。 ・針對當天的動向想好劇本。思考市場整體、各行業或哪些個股會變動。 ・上班後，觀察開市前的委託單狀況（委買委賣量），以確認買賣單的動向。
盤中	・持續觀察現況與自己擬定劇本的不同之處，並利用圖表看準時機交易。 ・即時確認新聞。
收盤後	・檢查自己的交易，比照白天的圖表和交易，逐一確認需反省與修正的部分。 ・分析和整理市場整體的動向，考察與早上預測的不同之處或原因。 ・檢查當天變動的個股等，不只是上漲和下跌，還要觀察成交量的變化率。 ・確認業績發表等內容。 ・確認主要數值、個股圖表。 ・列出明天想交易的個股清單，並登錄在畫面上，可先針對股價進場點設定通知。

　　當日沖銷等超短期買賣，大家常會忽略收集和分析資訊的重要性，僅靠委託單資訊或主觀感覺做判斷，如此一來，容易受股價變動影響，使得視野變狹隘，一旦判斷錯誤，便會陷入惡性循環而無法拉回正軌。

　　這種時候必須俯瞰市場，保持客觀的距離感。要保持這樣的冷靜，重要的是利用事前準備和事後分析，收集與分析基礎資訊。

　　事前準備的另一個重點是挑選個股（這點在盤中也一樣）。超短期買賣時，如果選擇業績優良、預期將有高成長性的個股，是否恰當？

　　雖然無法保證要等多久，但這樣的個股股價確實會穩健成長。不過，正如前文所述，績優股也有下跌的時候。在當沖等超短期買賣中，業績或基本面良好的個股優先順位較低。

　　超短期買賣最重視的是波動性。由於要在極短時間內進出場，股價變動大的個股，交易機會也會比較多。如果用這個視點來選股，會大漲或大跌的個股就不用說，還要注意成交量急速增加的個股。此外，符合市場主題或話題的個股，也會受到許多參與者的矚目，導致股價波動偏大，事先列出這些個股也是重要的事前準備之一。

註 7：Proprietary Trading System，譯為私設交易系統，也
　　　就是不經證券交易所進行交易的系統。

註 8：American Depositary Receipt，即美國存託憑證，是
　　　大多數外商公司在美國股票市場的交易方式。美國
　　　投資人可以藉由美國存託憑證，間接投資外商公司
　　　的股票。

3-2 為什麼盤中盡量不要查資料，或看新聞評論？

若是依賴第三者的預測或判斷，一旦資訊有誤，便蒙受損失，而且買賣時機會跟其他大多數的投資人一樣，絕不可能提早一步或兩步行動。

持續進行當沖這類超短期買賣時，視野會逐漸變得狹隘，因為你會一直注意自己交易的個股。不知不覺間，變成下意識只會確認該個股的委買委賣。

交易個股時，應該俯瞰市場整體，並與市場保持適度的距離感。即使做超短期買賣，也應該記住：自己是靠巨大市場的一部分動向或潮流來進行交易。過去我會先掌握潮流，再靈活調整部位，或是決定基本策略要用順向還是反向投資。因此，必須先做好前一節提到的事前準備。

盤中基本上沒什麼東西要調查。雖然當發生可能影響行情的重大突發事件時，依然必須進行事後調查，但為了集中精神在交易上，最好盡量不要查詢資訊。

舉例來說，例如某天早上行情突然暴漲。要是事前沒收集資訊，遇到行情暴漲的局面才慌忙入場，就會因為搞不清楚暴漲的原因是什麼，而在盤中陷入不斷調查資訊和思考的窘境。

但是市場的動向很快，當你理解暴漲的原因時，短期的上漲循環可能已經跑完一輪，或是不得不在飆漲後才進場等，所有的行動都會淪為被動。

當然我們也可以參考市場評論員的評論或新聞解說，省去自己下判斷的時間。但若是依賴第三者的預測或判斷，就無法靠自己的力量獲利，一旦資訊有誤將會蒙受損失，況且，當你透過媒體得知資訊的同時，別人一樣看得到這些資訊。換句話說，你的買賣時機會跟其他大多數的投資人一樣，絕不可能比別人提早一步或兩步行動。

如前所述，如果確實做好事前準備，預先理解股價變動的理由或背景，便能做到某種程度的預測，可以比其他市場參與者早一步行動。如此一來，在晚一步入場的人買進時，你卻能從容停利，同時等待下一個上漲時機。超短期買賣最重要的是節奏，事前是否做好準備，將會產生巨大的差異。

此外，盤中還希望各位注意一點：即使行情預測錯誤，也要保持冷靜。大家都希望自己的預測能做到精準，但不可能百分之百正確。

當然，為了提升預測精確度，分析後也必須進行修正，

或是透過反省來逐步改善，但請大家務必記住：**因為預測失準而生氣或意氣用事，是一件非常愚蠢的事。**

　　為何預測錯誤會讓人生氣？這是源自自尊心過高，或是「明明已經很努力了」的情感。這樣的情感會讓判斷失真或變得遲鈍。預測終究只是預測，當失準時，只要找出原因，加以考察和修正即可，不要忘記：承認錯誤也是一種勇氣。

3-3 想抓準進場時機，就要事先鎖定交易個股

盡快找出股價有波動性的個股，並將個股變動的因素或相關個股預先記在腦中，就能早一步對應。

　　超短期買賣當中，進場的時間點很重要。做當沖時必須盡快找出股價有波動性的個股，並將個股變動的因素或相關個股預先記在腦中，便能早一步對應。但股價變動大，也表示風險高，正因如此，實際買賣的進場時機十分重要。

　　我在計算超短期買賣的進場時間點時，常會用到技術分析。此外還會觀察新聞報導、股價指數、利率、匯率、商品等指標，掌握市場狀況的同時，隨時觀察事前擬好的劇本與實際動向是否有差異。

　　確實做到這樣的觀察十分重要。正如前述，持續進行個股或期貨的超短期買賣時，容易在不知不覺間，只關注標的個股的動向或委託單，使得視野變狹隘，因此可能漏看重要的變化或不尋常的地方。所以要和股市保持適度的距離感、俯瞰大局，再估算個股價位變動的時機，請務必

抱持這樣的感覺來面對股市。

　　當然，買賣時機比任何事情都重要。超短期買賣是靠極小的波段獲利，所以一旦時機開始失準，容易變成高買低賣、低賣又高價買回的失序交易。這種時候，等收盤後回顧自己的交易內容，大概會覺得自己是全世界最蹩腳的交易員。

　　當沖這類在極短時間獲利的方式，基本面不會有太大的變化。原則上，需求變化是股價變動的要因。

　　但最近這類短期供需變得比以前更難判讀。因為以前沒有演算法交易或 HFT 等電腦高速交易，不僅公開證券公司的買賣資訊，而且會公開一定數量以上的大筆交易，便於掌握買賣狀況。在這樣的環境下，有時間徹底分析的當沖交易員簡直如魚得水。

　　現在券商的買賣數量基本上不會公開（註9），資訊量也變得有限，再加上交易的執行變得高速且複雜化，所以短期供需很難只靠券商的買賣數量或委託單判讀。在這樣的環境下，圖表或技術分析便成為確認短期股價的重點，或是買賣時機的指標。

　　我過去在做超短期買賣時，也會頻繁使用圖表或技術分析，這是為了不過度盲從委託單和股價變動。有時光看委託單和價格變動，可能讓人感覺正是進場時機，但再觀察 RSI、KD 指標或 MACD 等技術指標，卻可能顯示市場明顯過熱，便能因此恢復冷靜。適度運用振盪指標類的技

術指標，便能看出此時是否應該深追。

　　技術分析使用的指標有許多不同類型，如果想全部理解會花上許多時間，又相當辛苦，所以建議各位挑幾個眾所皆知的技術指標，先試著使用看看。我自己就會頻繁使用移動平均線等基礎指標，詳情請見下一節說明。

註 9：2003 年以前，日本各券商的買賣資訊會在盤中即時
　　　公布給所有券商，便於投資部門的交易員參考，這
　　　項措施於 2003 年 6 月停止。

3-4 做當沖時，怎麼用移動平均線看進場點？

許多市場參與者會觀察移動平均線，而大多數人觀察的技術指標訊號，容易成為股價的轉換點。

　　技術分析使用的技術指標各有優缺點，使用時要先理解指標才有意義。技術分析說到底只是工具，如果只是盲目使用，不知道其目的或用法，便無法獲得預期的結果，就像是用尺來量體溫。因此，重點在於理解工具的目的，且適當使用、不要盲信。

　　我會依照各種技術指標，使用過去幾年的數據徹底進行回測和驗證，再依狀況使用。使用部分的技術指標時，還會嘗試變更基本的設定值。我做當沖時，會頻繁使用移動平均線和 MACD。

　　不同的技術指標，所顯示的方向性、訊號、時機各不相同，一次看太多指標反而會混亂。因此我經過徹底研究，選擇移動平均線和 MACD 當作判斷基準。超短期買賣必須頻繁下判斷，所以我盡可能簡化判斷基準。

本節會針對最通俗、大多數人參考的移動平均線，解說我觀察的重點（MACD 會在第 4 章第 4 節詳細解說）。

有些人會覺得：「移動平均線只是一定期間內的股價平均值，有什麼意義嗎？」但從結果來說，大多數人觀察的技術指標訊號，容易成為股價的轉換點。由於有很多市場參與者會觀察移動平均線，因此用來估算入場時機相當有幫助。

我過去做當沖是用 5 分 K 線為基礎的移動平均線，並用 5、25、75 和 100 週期觀察（做短線看日 K 線時也一樣）。基本上採用順向投資法的拉回買進及回漲賣出。

我在股價急速上漲時，除非是做非常即時性的交易，否則幾乎不會在價位大幅偏離移動平均線時順向進場，因為這種時候不容易判斷目標價位和停損點（我個人稱這類交易為「空中戰」）。

在觀察移動平均線和股價時，會傾向於注意「急漲（急跌）後的調整→進入下一個起漲（起跌）的時間點是哪裡」，也就是大家常用的拉回買進和回漲賣出。這裡以**圖表 3-2** 簡單說明（為了讓圖表更單純，這裡只用 25 週期和 100 週期的移動平均線）。

首先在交易時，應觀察何種週期移動平均線，會依價格變動的幅度和時間而異。

如果在漲勢強勁的狀態下，想撿短期的拉回買進，可以觀察 25 週期的移動平均線的水準（淺色線），找出股

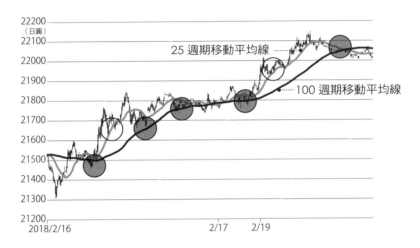

圖表3-2　「拉回買進」和「回漲賣出」的移動平均線使用例（日經 225 指數期貨 5 分 K 線）

價拉回時的進場點（白色圓）。但在短期的情況下，持續下跌的可能性也很大，我還會參考其他的指標，判斷上漲趨勢較強時，才會使用 25 週期移動平均線。

　　除此之外，我大致上會觀察 100 週期的移動平均線（深色線），找出拉回買進的進場點（灰色圓）。但最後一個灰色圓部分，由於移動平均線出現死亡交叉，所以不要在那附近買進，就算買進也必須在死亡交叉出現時平倉。

　　當然有時也會出現股價一直不跌到移動平均線，或是稍微跌破的情況，這時就必須思考該如何修正買進時機、買入方式和停損點的設定方式等。

具體來說，我會基於自己驗證的經驗，制訂一套規則對應，例如：使用移動平均線買進時，會在平均線上下方設一定範圍的區間，並在該區間內分散時間點買進；當股價跌破移動平均線到一定程度以上，或跌破其他圖表上的點位時，則會進行停損等。

此外，若開盤時跳空開高或開低，我也會使用技術指標來計算進場時機。開盤跳空除非有很大的利多或利空消息，否則我會盡量避免進場。

市場處於興奮狀態而開盤跳空時，股價容易產生波動。有人會抓準這樣的機會，但我認為這種狀況的不確定性偏高。為了估算出股價回穩的時機，我會觀察移動平均線來找出適當的進場時機。

實際上，有很多人會觀察移動平均線，所以股市因為平均線的狀況而止跌的情況並不算少見。如果使用這種方法，進場點即為移動平均線本身的變化，所以進場時機也會變得單純。

另一方面，也會有難以判斷目標價位和停損點的狀況，這時光看移動平均線也不會有答案。所以我會活用股價的前高前低或其他技術指標來設定目標價位。搭配使用的技術指標有 MACD、RSI、隨機指標（KD）、P & F、拋物線指標等。但主要運用的還是移動平均線和 MACD。

3-5　盤中出現重要新聞時，該怎麼應對？

即使在新聞出現的瞬間入場，你也不會是最先搶到部位的人。總會有人比自己更早進場，因此必須在短時間內做出各種判斷，再思考如何停利或停損。

　　超短期買賣有時會遇到一種狀況，乍看似乎無視「①收集資訊→②分析→③判斷」的基本交易流程，便是依據新聞等突發消息交易的時候。

　　從宏觀到微觀的各種新聞都可能影響市場，包括政治新聞、評論、地緣政治風險、經濟統計、企業業績發表、即時揭露資訊、財政發表等。

　　新聞或消息對市場造成影響後，股價當然會劇烈變動，因此難以決定目標價位或停損點。

　　即使在新聞出現的瞬間入場，你也不會是最先搶到部位的人。最近，許多機構採用系統交易，利用程式監控新聞，在新聞出現的瞬間便進行交易。然而，人類是用肉眼看新聞，透過大腦思考後才下單，在手動進行這個流程時，

機器早已搶先好幾步交易。

所以要記住；總會有人比自己更早進場，再思考如何停利或停損。該新聞或利空利多的題材是否會形成長期趨勢，或是只有短期影響、對股價會造成何種程度的影響、會有多少炒短線的人進場等，必須在短時間內做出各種判斷同時應對。

即使在這樣的狀況下，只要事前確實收集資訊和分析，通常還是能取得優勢。經濟統計或企業業績相關的資訊，只要事前記住過去的變化和預測值，就能做出某種程度的預測，瞭解當預測值和實際數字出現落差時，股價會有什麼反應。

拿最近的例子來說，我們來看 2016 年 6 月英國公投決定要脫離歐盟後，對市場造成的影響。當時我特別注意的是，掌握哪個網站的資訊比較快、哪個市場對這項題材反應最快，以及公投結果出來的時間和流程為何。事前做好這些準備，就有機會比其他市場參與者早一步下判斷。

此外，還必須一併思考現在的市場預測有什麼共識，以及股價反應到何種程度。當時市場參與者大多認為英國不會脫歐的機率比較大，證據是當時日經 225 從 2016 年 6 月 16 日的最低點 15395.98 點，一路來到 6 月 24 日的最高點 16389.17 點，上漲將近 1000 點。

從這個動向來看，市場對英國脫歐被否決的期待感較高，因此事前便可預料到：當結果出乎意料，也就是公投

支持脫歐時，潛在風險將大幅提升。

　　實際上，6 月 23 日脫離歐盟的公投結果出來後，日經 225 當天便大跌超過 1000 點。公投結果出來的時間，剛好是亞洲的白天，所以沒經過歐美市場的緩衝，日本成為首當其衝的市場，這也是股價暴跌的主要原因。這時如果事先預測公投後可能會脫歐，並做好收集資訊及分析等準備，就能做出適當的應對。

　　換句話說，由於市場預測英國脫歐會被否決，令股價提前上漲，因此事前便能預測：在極短期的供需上，下跌的風險大於看漲的期待。這點在 2016 年川普對希拉蕊的美國總統大選時也一樣。

　　個別企業的業績預測也一樣，事前做好準備，明白目前的股價是在何種共識下成立，新聞出現時便能避免受到後續的暴漲暴跌波及，提高安全下樁的機率。

　　為了在盤中冷靜做超短期買賣，事前準備很重要。超短期買賣並非直接下場決勝負，而是需要一定的準備才能提高勝率、做更穩定的交易。正是因為事前有做好①收集資訊→②分析，才能適當地做出接下來的③判斷。

3-6 想做到損小利大，該如何決定出場時機呢？

為了持續維持獲利與風險的平衡，應該在手上沒部位或準備進場時，先考慮好出場點，並分析、判斷風險與獲利。

出場相關的重點如下：

① 先決定出場點再進場

交易時，出場可說是最困難的部分。出場有三種：停利（勝）、停損（負），以及同價賣出（平手，正確來說會損失交易成本）。

在進場時，大多數人會有「看起來會漲所以做多」、「看起來會跌所以做空」等某種程度的預測，但不少人卻是先持有部位後，才考慮出場的事。**超短期買賣要維持穩定獲利，重點在於進場前能否先有確實的出場點。**

假設是「看起來會漲，所以做多」的情況，但買進後股價不如預期並開始下跌，此時肯定會感到不安，同時出

現不想賠錢的想法。當股價繼續下跌時，這樣的情緒逐漸增強，導致無法冷靜客觀地做出判斷，有時還會感到焦躁、激動和憤怒。

股價變動和預期不同卻能繼續忍耐，有不少人會說這叫「毅力」。但遺憾的是，假如沒有客觀依據，即使偏離預測仍一昧忍耐，這只能算是「死撐」。事情演變成這個地步，表示該筆交易已經失控，這種死撐會在不知不覺間變質，甚至變成希望神仙來救的期待。

正如「不能抱著期待看行情」這句格言，假如一直持續上述的做法，就算行情救了你再多次，總有一天還是會賠大錢，落到必須退出市場的地步。

人在還沒持有部位時，最能冷靜客觀地分析市場。雖然是理所當然的道理，但有很多人會忘記這一點，總是想持有部位，這樣的想法在當沖更是大忌。這些人輕忽交易流程而總是胡亂進場，於是受制於股價的波動，心情像洗三溫暖，勞心費力卻沒賺到錢。

超短期買賣最重要的是節奏和時機。為了能順利交易，就算交易間隔再短，也必須確實完成交易流程。為此，必須先決定好出場點再進場。

出場點也會影響到進場的判斷，不能單純因為「看漲所以做多」，還必須思考「可望漲到多少」或「可能跌到多少」，這個依據可以是技術分析或利多利空消息。如前所述，可望漲到多少是期待獲利，可能跌到多少則是風險。

事先確實評估風險和獲利，就不會一直隨便進場。

當獲利＞風險，持倉才有意義，假如獲利≦風險，則必須拋售。這項原則能幫助你整理交易項目，並克制自己不去碰獲勝機率低或高風險的交易。

② 設定停損點，釐清認賠殺出的時機

超短期買賣的好處，是不用一直持有部位（風險），「只要挑油水最多的地方交易就好」。

說到超短期買賣，有靠小幅的股價變動套利，或 HFT 交易等透過反覆交易來獲利的手法，而這裡說的超短期買賣，則是靠目視和手動進行的當沖，不是靠交易次數多寡來決勝負，請先理解這個前提。

正如前述，超短期買賣重要的是節奏和時機。為了提高勝率，必須在短時間內完成①收集資訊→②分析→③判斷的流程。**不要胡亂增加交易次數，重點是謹慎做好每一筆交易。**

當我還在第一線當交易員時，我將「謹慎做好每一筆交易」這句話貼在辦公桌前。超短期買賣要成功，除了提高勝率之外，還要維持「勝利％數（獲利）＞失敗％數（風險）」的平衡。換句話說，要維持損小利大，這也決定了最後是否能留下獲利。

　　為了持續保持獲利與風險的平衡，應該在最能冷靜與客觀的狀態下執行交易流程，也就是手上沒部位或準備進場時，先行考慮出場點，並分析、判斷風險與獲利。這是一切的重點。

　　此外，事先決定停損點還有一個用意。**決定停損點後，就可預測「在這個股價停損會損失多少」，掌握虧損上限。如此一來，即使股價在停損前出現振盪，還是能保持內心的平靜。**

　　相反地，如果事前沒設停損點，即使基於客觀分析進場，也可能掉進惡性循環的陷阱，也就是在不知不覺間變得過度情緒化，等到損失不斷擴大到無法停損後，卻還是一股腦地想繼續凹單，害自己越賠越慘。重複進行這樣的交易遲早會出事，為了讓自己不管遇到哪種狀況都能保持冷靜，請事先決定好「認賠殺出」的時機。

　　股市交易賠錢在所難免，不可能百戰百勝。為了在反覆的交易中長期穩定獲利，學會「怎麼賠錢」十分重要。

3-7 停利或停損點，不是看賺或賠多少來決定，而要……

行情絕對不會照自己的想法走，既然要靠股價的變動獲利，停利或停損點都應該依股價的變動客觀決定。

　　停利的目標價位與避免大賠的停損點，都必須以股價為基準，本節要思考該如何設定。

　　可能有些人會用「賺了多少就停利」或「賠了多少就停損」來決定，但這只是主觀想法。行情絕對不會照自己的想法走，**既然要靠股價的變動獲利，停利或停損點都應該依股價的變動來客觀決定。**

　　另外還有一個重點，就是**進場和出場的依據要一致，或是有合理的共通點，兩者必須有一貫性。**

　　超短期買賣時，雖然用技術分析進場，結果卻看委託單的氣氛出場。中長期投資時，明明依據基本面進場，最後卻用技術分析出場。這類進出場依據不一致的案例，經常出現在股市中。反覆進行這樣的交易，當你回顧交易記錄時，會搞不清楚自己到底是要抓哪種獲利、想進行什麼

樣的交易。為了避免這種狀況，進出場依據必須保持一貫性。

　　如果是做超短期或短線交易，要設定目標價位或停損點時，技術分析是有效且能廣泛運用的工具。當然還有其他東西能當作依據，但首先應學會運用技術分析。

　　不過有一個問題：其實並沒有任何技術分析的手法，能淺顯易懂地告知目標價位在哪裡。

　　在做當沖時，可以用以日 K 線為基礎的指標，加上前高和前低、移動平均線或同樣以日 K 線為基準的一目均衡表、樞紐點等，事前整理出價格上的轉折點，然後參考這些資訊，思考目標價位應該落在哪裡。

　　前面提到的移動平均線，以及下一章將詳細介紹的 MACD，其實本質上有共通要素，所以我以前常併用。

　　這裡先略提一下 MACD。MACD 的計算基準「指數移動平均線（EMA）」，類似於移動平均線。當 MACD 的乖離變大時，移動平均線和股價的乖離也會變大，所以當乖離較大時所產生的訊號，可信度相較之下會比較高。

　　依據該訊號進場時，我會用股價觸碰或接近移動平均線（即 MACD 收斂）當作平倉（停利）基準。換句話說，移動平均線和股價的乖離較大時，我會與市場逆向操作，並將股價觸碰到移動平均線（乖離收斂的時間點）當作目標價位。

　　雖然這是與市場逆向操作的情況，不過該目標價位應

該會在 MACD 計算期間的移動平均線上（此外，由於很多人會觀察移動平均線，所以用較常用的計算期間往往會比較精準）。重點是，既然「目標價位＝移動平均線」，表示該價位也會持續變化。

MACD 的乖離過大所產生的訊號，以我的經驗法則來看準確度較高。這是因為與 EMA 之間的乖離變大時，一旦漲勢趨緩，便會發出訊號。

不過，當市場的趨勢相當強勁時，股價的供需調整大多不是靠下跌調整，而是隨時間經過調整。換句話說，股價居高不下後，移動平均線會隨著時間經過，逐漸接近股價（下一章會詳細解說）。這種情況下，即使是同價或有未實現損益，當股價接近移動平均線時，就應該賣出清空部位。

MACD 的要素近似移動平均線和股價的乖離。移動平均線和股價乖離的基本思維，是判斷「乖離過度發散，代表上漲（下跌）已經接近極限或過頭」。MACD 這項指標也近似這樣的思維，但顯示出的訊號更淺顯易懂。

換句話說，既然交易目的是要在股價出現一定程度的調整（上漲或下跌）時獲利，當調整完畢後，也就是股價觸碰到移動平均線、乖離收斂的時間點，就是平倉的時機。

附帶一提，這種方式不是靠大方向（趨勢）獲利，而是趁供需調整時反向操作，此時使用移動平均線，是為了找出該供需調整結束的大致時間點。

　　那麼，這時停損點又應該設在哪裡？這真的是一道難題。既然有明確的目標價位，停損幅度的最低條件便是必須比獲利幅度小。如果是進場做空，那停損點可能就是前高或其他技術指標顯示的價位。由於這裡解說的交易是逆著趨勢走的反向投資，應該先理解這一點，再畫出必須認賠殺出的停損點。

　　以上只是我過去當交易員做當沖常用的方式之一。實際操作時，當然也會用順向投資進場。

　　此外，投資新股時由於沒有過去圖表分析，所以不可能靠技術分析來研究。這一類的個股，只能事先確實調查業績或需求面，藉以掌握出場價位。

　　重點在於：不管用什麼方法，都應該確立每一筆交易的目的和依據，事先設定目標價位及停損點再進行交易。

3-8 進場後如果想加碼，你可以⋯⋯

攤平是增加風險的行為，應該把它當作有計畫持倉的技巧之一，而不是為了填補虧損或意氣用事下的舉動。

　　至今我們已解說過進場和入場，本節將說明進場到出場之間的流程。到出場為止的流程因人而異，這和心理素質直接相關，所以投資人的個性會產生很大的影響，也會依據收益狀況、資金餘力、對交易的自信程度等各種因素而產生變化。以下挑幾個重點來說明。

① 攤平策略

　　首先是關於攤平策略。這是指當股價跌破進場價位時，在覺得股價已經觸底的價位加碼買進，藉此壓低買進的平均成本。當股價止跌反漲時，攤平有機會提早弭平損失，所以大家容易濫用這一招。不過，市場也有一句格言是「隨便攤平，越攤越貧」，對攤平抱持著否定看法。

　　基本上我不是全面贊成攤平策略，也不會全盤否定。我認為可以有計畫的攤平。

　　什麼樣的交易可以被稱為有計畫的攤平？股市交易要「買在最低點，賣在最高點」，是一件比登天還難的事，不要以此為目標才是聰明人。過於在意高低點，容易錯過買賣時機，而且如果之後股價的變化真如預期續漲或續跌，便會產生「錯過好機會」的焦躁情緒。

　　從這點來看，某種程度來說必須想開一點。**買進和賣出不要想買在最低點或賣在最高點，只要在附近就好。這是持有或賣出部位時應有的技巧之一，**這時有計畫的攤平便可能產生作用。

　　例如當做多時，不知道股價會在哪裡觸底，所以不將手上資金整筆投入，而是分批買進，這就算是有計畫的攤平。本章第 4 節介紹的移動平均線買進法也是一個例子，這樣的攤平方式才足以視為策略。

　　有些人認為攤平是愚蠢行為，是因為很多人依據自己的主觀意識或因意氣用事而攤平，例如：因不肯認輸而固執地一路往下買，即使股價已大幅偏離當初的預期，卻還想用更便宜的價格拉低部位的平均單價，再祈禱股價反彈。

　　如果事前便決定好目標價位和停損點，照理說不會出現這樣的攤平做法。當你開始做這種事，等於失去當初的交易目的或依據，一心只想著「不想賠錢」而意氣用事地

交易。將這種行為正當化並美其名為毅力，是一大錯誤。

即使股價剛好回漲，只能算是市場碰巧救你一把而已，因為情況早就大幅偏離你進場時的預測。

基本上希望各位記住：攤平是增加風險的行為，應該把它當作有計畫持倉的技巧之一，而不是為了填補虧損或意氣用事的舉動。

 ② 金字塔加碼

另一方面，「金字塔加碼」也和攤平策略一樣，是增加風險的行為，該怎麼看待呢？

金字塔加碼的前提是已獲得某種程度的未實現獲利，以及股價變化正如自己的預測，所以和攤平策略的狀況有很大差異。話雖如此，金字塔加碼也有應該注意的地方。

最重要的是，必須確實分辨「股價距離目標價位還有多遠」。因為金字塔加碼是將獲利最大化的行為，但如果在目標價位附近加碼，風險會大於期待獲利。基本上，要在期待獲利大於追加風險的時機，才可以做金字塔加碼。

所以，加碼進場前，也要看清楚獲利和風險。不過，由於已有未實現獲利，因此可允許稍微加碼趁勝追擊。另外，像是在極短期間內靠小額價差獲利的交易，最好不要做金字塔加碼比較安全。

③ **避險**

　　再來談論可減少持倉風險的「避險」手法。進行超短期買賣時，原則上不應該考慮避險，如果持有多檔股票並建立投資組合，或是大量買進流動性較低的股票時，若發生突發狀況，有時會用期貨交易或選擇權避險。

　　但當沖這類超短期買賣，本來就要避免分散買太多檔個股，所持的股數也不應該影響到流動性。當股價出現意外變動時，該採取的不是避險，而是在第一時間停損，再換一套劇本來對應變化。

3-9 超短期買賣的重點整理

目前解說了超短期買賣的重點和其他注意事項，本節先做個整理。

● 交易目的是從短期間的股價變動中獲利。

● 在極短時間執行交易流程，必須要有瞬間判斷力、決斷力和心理素質。

● 事前確實做好準備，考量價格變動的背景或要因等，寫好劇本再進場交易。盡可能不要在盤中思考價格變動的背景或要因。

● 不能看氣氛交易，要確定交易的目的和依據。

● 挑選個股時，波動性和流動性比基本面更重要。

- 為了不被價格變動左右，要有自己的一套方針，例如：
  靠圖表或技術分析等。

- 交易的時機和節奏很重要。

- 盡可能先決定目標價位和停損點再建倉。

- 攤平要有計畫，嚴禁胡亂攤平。

- 做金字塔加碼前，要先看清楚目標價位，以及加碼後的
  風險和獲利。

- 發生意想不到的價格變動時，應優先停損而非避險。

NOTE

NOTE

Chapter 4

短線交易該如何避免
「早知道的懊悔」？

4-1 短線交易時，除了留意海外市場，還有……

不僅要掌握國內消息，也要包含海外一定期間的經濟統計或事件等，調查市場共識，並確實做出自己的預測。

　　當沖等超短期買賣的目的，在於從短時間內的價格變動中獲利。這也是擁有更高速交易環境的 HFT 所擅長的領域。

　　HFT 基本上適合做當沖，傾向單純的交易，較不容許過夜風險與不確定性。相較之下，短線交易這類時間軸較長的交易，事先必須確認的因素較多，交易也會變得更複雜，但好處是可在不同的舞台獲利，不用和擅長 HFT 等高速交易的市場參與者競爭。

　　換句話說，從事短線交易，在預測時必須考慮市場的流動、股價水準的含意，以及各種題材。

　　短線交易在①收集資訊→②分析→③判斷的各個流程中，和超短期買賣不太一樣。具體來說，該做好哪些準備？以下我整理以前的日常工作。

🪴 ① 資料的收集與分析要更縝密

交易的時間軸越長，必須確認的事當然會增加，舉例來說，當沖比較不需要注意歐美市場的動向，而短線交易的持倉會延伸到歐美市場交易的時間帶，所以必須預測其動向。此外，匯率和利率等股市以外的市場動向，也必須觀察得比當沖更深入。

重點在於，不僅要掌握國內消息，也要包含海外一定期間的經濟統計或事件等，調查市場共識，並確實做出自己的預測。

股市的供需分析也會比當沖更重要。由於任何人都能輕易從網路下載供需數據，包括各類投資人（散戶、法人、國外投資人等）的買賣動向、未平倉餘額、保證金交易的未平倉合約等，所以要時常注意這些數字。基本面則要掌握財報發表等時間表，並調查市場共識。

這些都是非常基礎的資訊，事前確實收集與分析，在做短線交易時極為重要。

此外，我認為技術分析在短線交易也非常有幫助，但觀察的圖表時間軸不太一樣。當沖會用 5 分 K 線或 10 分 K 線，短線交易則用日 K 線等較長的時間軸做判斷。使用圖表時，最重要的是時間軸要符合自己想執行的交易。如果兩者不合，進場的時間點等就會有差距。

如前所述，**當沖不需注意的部分，在短線交易中則因**

為持倉時間拉長、風險增加,而必須事前確認。可能有人覺得這樣很麻煩,不過確實收集資訊並做好分析流程,便能預測市場的動向、提高勝率。

② 掌握各類投資人的行動模式

以不容易受利多利空或指數動向影響的個股為中心進行交易時,較不需要在意歐美市場的動向或其他市況。我在交易這種個股時,也會同時在股價指數期貨建很大的部位(承擔較大風險),所以相當重視市場整體的動向預測。

此外,從 2000 年開始,由於外資在日本股市的交易比重和持有比率提升,有時會出現以下狀況:日經 225 在幾週內大漲 1500 點,但都是晚上在漲,日本的交易時間內股價幾乎沒有變化。當時我注意到這個現象後,開始更詳細預測海外市場的動向,並思考收盤時該如何建倉。

這邊稍微整理一下,當時各類投資人具體來說會有什麼樣的動靜。當時日本股市有句話說:「外資進場,股價就會上漲」,每當外資進場就會出現漲勢,出場則呈現跌勢。觀察外資以外的投資人,會發現年金通常在股價上漲時賣出,下跌時買進,散戶也常使用這種反向投資法。

基本上,年金投資組合的構成比例須遵守一定的範圍,股價上漲後在股票投資組合的占比會變高,因此必須賣掉以進行調整。

　　假設年金的日本股投資比重是 30％。股價上漲後投資比重變成 40％，該投資組合在日本股的暴險便會增加，所以多出的 10％ 會被賣掉，將比重降回 30％，同時再用賣出的獲利買進其他貶值的投資部位，以調節整體的比重，稱為「再平衡」。

　　年金和散戶基本上會在日本交易時間操作。股價晚上漲完，年金和散戶會在白天賣出，所以在日本交易時間中，股市上漲會趨緩。

　　在這種情況下，日本的主要市場東京證交所收盤後，賣壓會消失，加上收盤後才是外資牽引股價上漲的時間帶，因此日本股價在晚上會比白天更容易上漲。

　　股價變動一定有其原因。重點在於理解原因，並持續調整自己的交易與觀察重點。過去我頻繁進行短線交易的時期有許多外資進場，他們的動向常影響日本股價。所以我格外重視歐美市場的動向預測。

　　此外，我在調整持倉過夜的倉位時，也會注意在日本時間晚上開市的歐美市場。若覺得歐美市場可能會大幅上漲，就積極持有多頭部位；對預測不太有信心時，則挑選指數敏感度低、對個別利多利空有自信的個股，降低整體部位的風險。

③ 在前一天收盤後判斷，並於盤中調整

在①收集資訊→②分析→③判斷的流程中，短線交易在①和②花費的工夫會比當沖多。舉例來說，除了要弄清楚想投資的企業狀況，還必須估算該個股的價值（被低估或是高估）、整理圖表和收集利多利空消息、分析及預測歐美市場、匯率、利率和商品市場的動向等。

短線交易在收集資訊和分析上比當沖花時間，是因為交易的時間軸變長，暴露在風險中的時間和影響風險的要因也會增加。正因如此，才能用不同於 HFT 的觀點進行交易，避免受到 HFT 的影響。

與當沖不同的是，短線交易在收盤後也花時間收集資訊與分析。交易的時間軸越長，我在盤後收集資訊或分析的時間也會增加。

應該在哪個時間點進行③判斷呢？我在收盤後進行分析時，會先擬定隔天交易的劇本，包括目標個股的建倉價位、目標價位或停損點等。隔天便依照劇本下限價單。建倉時，也要留意不被盤中的價格變動過度影響。

這裡必須強烈注意一點：不要太沉迷於盤中的行情或股價變動。換句話說，必須和市場保持一定的距離感。有時在交易中會不自覺太過沉迷，容易在多餘的地方出手，或在錯誤的時機平倉。有些交易員會同時做短線和超短期買賣，這種情況下容易錯亂。千萬不要忘記自己是以什麼

依據在交易。

　　但是，當交易的前提條件（即市場整體狀況或劇本）有應變更的要因時，我會在盤中調整。市場的變動幾乎不可能照自己的預測走，因此③判斷最好在前一天收盤後進行，並於盤中調整。不過，要小心別過度沉迷於行情，以免失去客觀性而錯失調整時機。

4-2 開盤時，我為何都事先下好限價單？

盤中出現利多利空、異於事前劇本的動向或其他主題時，當然必須臨機應變。為了讓自己有餘力對應這些狀況，應事前擬定劇本，在開盤時下好限價單。

關於進場的部分，前一章提到當沖的進場點可用技術分析來推估，短線交易也一樣，技術分析是有效判斷進場點的方式之一。

我在做當沖時，會用移動平均線和 MACD 估算時機。進行短線交易時，除了上述兩種方法外，有段時期還會用 RSI 和拋物線指標。使用技術分析的好處，是可以簡單而有系統地找出進場的依據。

其實那段時期，我曾嘗試用程式計算有一定流動性的個股，從中抽出符合自身技術分析條件的幾檔個股，盡可能分散建倉。當時使用的技術指標，是以過去幾年的數據為基礎，徹底進行回測，判斷出能維持一定勝率的標的。除非符合條件的個股有應該排除的理由，否則便依照分析

分散個股建倉。

使用技術分析時不要盲信教科書上的內容，應該自己做回測，仔細確認可用性或缺點，才能增加訊號的可信度。

此外，確實分散投資的個股也很重要。沒有 100% 準確的訊號，機率再高的訊號也會有不準的時候。賭機率時應該確實分散投資，比任何事情都重要。

建倉前要先確認日 K 線，針對想交易的個股，事先想好進場價格、目標價位和停損點的劇本。在前一天收盤後，冷靜思考並仔細打好上述基礎的人，跟在盤中隨市場變動而匆忙分析的人，兩者判斷的精確度會有很大差異，這點在當沖也一樣。

當然，盤中如果出現利多利空或突發性的變動，也必須要快速做出判斷，但進場時的劇本，建議盡量在前一天先擬好。

依照事前擬定的劇本，在隔天開盤後陸續建倉。基本上，我會事先在決定建倉的價位下好限價單。**因為在盤中看盤下單，容易在沒必要的地方建倉，導致交易過於匆忙，可能會讓事前準備變得毫無意義。**

盤中出現利多利空、異於事前劇本的動向或其他主題時，當然必須臨機應變。為了讓自己有餘力對應這些狀況，應事前擬好劇本，並在開盤時下好限價單，在盤中下單應該只限於發生異常狀況時。具體該用何種方法進場，會在本章第 4 節進行解說。

Column
股市交易員的交易系統

　　「交易員用什麼系統做交易？」如果你是散戶，應該會對這個問題感興趣。

　　雖然以前有好幾家中小型的系統公司，但目前大多以 Intertrade 和 TCS（東證電腦系統）兩家公司為主。這兩種交易系統在發展上，主要迎合以當沖等超短期買賣為主流的交易員，所以其交易速度和穩定性的水準相當高，且倉位管理功能也相當優異。

　　證券公司的交易部門必須即時管理風險和倉位，為了控管錯單或有法規問題的交易，必須具備高水準的管理功能。雖然多數交易會在下單時確認，但依舊能維持交易員要求的交易速度，從這點來看可說是相當好的系統。

　　此外，還有幾個外商系統公司，例如：Trading Technologies 的 EMSX、Bloomberg（彭博有限合夥公司）的 TORA 等。這些是海外的避

險基金等經常使用的系統，而日本有些交易部門也會用來交易海外商品。這些系統都支援 API（應用程式介面），大多能撰寫程式並自動進行交易。

這些系統有各自的特徵和優缺點。當自家公司交易員運用的手法或交易商品越多，選擇也會越困難。

交易員能選擇自己喜歡的系統嗎？基本上相當困難，因為交易員往往多達數十人，如果都使用個別的系統，統整和管理上將非常困難。所以，各公司大多會從前面介紹的兩個系統中擇一使用，只有部分經手特殊商品的交易員，能獲准使用其他系統。

我曾經和許多系統公司交流過，不僅使用過各種系統，也經常在開發階段被徵詢意見。不論如何，交易系統是連接市場和交易員的重要工具，它的發展可以讓交易員在市場中更如魚得水。

4-3 照劇本事先下好賣單,從此不再懊惱「早知道」!

如果股價變動是照進場依據和擬定的劇本走,達到目標價位即可停利,但在劇本被推翻的瞬間則應該是停損點。

　　短線交易和當沖一樣難在出場,這也是很多人做不好的部分。事後看圖表,馬後砲說:「早知道就在這裡停利」或「早知道就在這裡停損」很簡單,但要在盤中做出適當的判斷卻很困難。

　　重點和當沖一樣,要事先決定目標價位和停損點。只要能做到這一點,就能和進場時一樣事先下好賣單。**如果股價變動有照進場依據和擬好的劇本走,達到目標價位即可停利,但當劇本被推翻的瞬間則應該是停損點。**

　　因此,用「損失多少%就停損」或「獲利多少%就停利」,來決定目標價位或停損點,本質上並非正確的做法。因為損失或獲利多少%未必和進場依據有連結,終究只是投資人的主觀判斷。這樣的決定方式最好當作次優方案,只在無法明確擬定劇本,或不知該如何制訂目標價位或停

損點時使用。

　　該如何決定目標價位或停損點呢？前面提過，我在操作當沖和短線時，大多會使用技術分析（主要是移動平均線和 MACD）。當交易的期間改變，指標的計算期間或優先順序也會改變。例如：短線等時間較長的交易使用日 K 線，當沖則使用 5 分 K 線等。

　　此外，以日 K 線為基礎，我還會活用波浪理論等預測趨勢的強弱，讓交易有節奏，思考該用順向還是反向操作、該強勢涉險入場或下單哄抬，還是應該穩健獲利不靠價格變動等，每天都會改變我的立足點。

　　波浪理論的詳細介紹在此省略，使用方式如下：當我認為處在推動波（第 1 波、第 3 波、第 5 波）時，基本上當沖和短線都會以順向操作為主，在第 3 波時則會積極增加部位獲利。處於調整波（第 2 波、第 4 波）時，則是以逆向操作為主。

　　上一章已經介紹過當沖用移動平均線進場、MACD 出場的方法，下一節會針對 MACD 的使用方式進行更詳細說明（由於無法假設使用場景，此處的 MACD 會採用一般的計算期間）。

4-4 使用MACD分析，我如何判斷買賣訊號與騙線？

當 DIF 線突破 MACD 訊號線時是買進訊號，反之則是賣出訊號。但買賣訊號發生時，重要的是 DIF 線的位置。

　　本節解釋的 MACD 用法，與技術分析教科書上的內容有些差異，是我反覆回測驗證過的使用方式。

　　首先必須理解 MACD 的特性。MACD 有兩條線，一條叫「DIF 線」，表示兩條 EMA 的差值。以技術指標來說，數值的基礎近似於「移動平均線的乖離」。MACD 的另一條線稱為「MACD 訊號線」，是用前面計算出的 DIF 值去計算 EMA。

　　簡單來說，當 DIF 線（又稱快線）突破 MACD 訊號線（又稱慢線）時是買進訊號，相反的情況則是賣出訊號。

　　但買賣訊號發生時，重要的是 DIF 線的位置。移動平均線的乖離概念是算式的基礎，所以 DIF 線接近零軸時（計算依據的 2 條 EMA 彼此接近時），理論上移動平均線和股價幾乎是相同水準（乖離小）。**此時出現的買賣訊號大**

多情況是騙線，我把它視為應排除的雜訊。

　　也就是說，觀察 MACD 進場時，只會採用「DIF 線距離零軸上下，乖離幾％以上的狀態下」出現的買賣訊號（**圖表 4-1**）。

　　不過，用 MACD 很難決定目標價位或停損點，因為 MACD 不是顯示價格點位的技術指標。

　　因此，此時的目標價位不是看價格，而是把 MACD 的零軸當作檢查點。DIF 線回歸到零軸，表示計算基準的 2 條 EMA 彼此接近，這種情況代表股價也會接近移動平均線，所以乖離會收斂，大致等同於前一章講解的移動平

圖表 4-1 ▶ MACD 的訊號乖離越大越有效
　　　　　　（日經 225 日 K 線與 MACD）

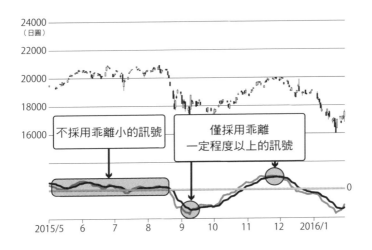

不採用乖離小的訊號

僅採用乖離
一定程度以上的訊號

圖表4-2 隨時間經過的調整案例

（日經 225 日 K 線與 100 日移動平均線）

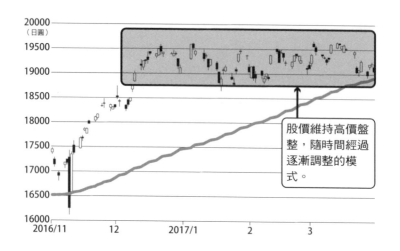

股價維持高價盤整，隨時間經過逐漸調整的模式。

均線入場時機（依計算期間的設定而異）。

　　換句話說，如果進場用 MACD，將採逆向操作（股價上漲時賣出、下跌時買進），用移動平均線則會採順向操作（股價上漲時買進、下跌時賣出）。

　　但要注意，就算 DIF 線回歸零軸，也不代表一定要停利。與移動平均線的乖離縮小，有時是隨著股價下跌或上漲的調整，有時則是隨時間經過的調整。

　　如**圖表 4-2** 所示，暴漲的股價維持高價盤整時，移動平均線會緩緩上升，與股價之間的乖離也會收斂趨零，這是典型因時間經過而帶來的調整。

圖表4-3 ▶ 背離的案例
（日經 225 週 K 線與 MACD）

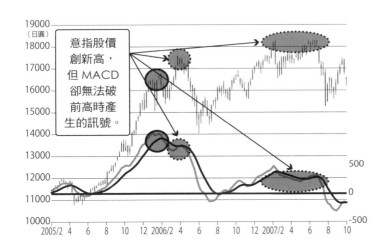

意指股價創新高，但 MACD 卻無法破前高時產生的訊號。

　　這種情況下，即使還不到停利水準，在乖離趨零時就應該確實平倉清空部位，這個概念相當重要，因為股價沒有下跌，而是隨時間經過調整，代表趨勢強勁、買單持續湧入，所以可當作是在高價水準賣出。這種狀態下，當乖離調整完畢，進入下一個上漲循環後，賣方可能會蒙受巨大損失。

　　此外，當股價經過充分的下跌調整時，我也會將手中持有的空頭部位做一定程度的停利。

　　此時，若是股價繼續維持下跌趨勢，獲利雖然能提升，但如果 MACD 朝負值擴大，是因為股價跌破移動平均線，

且趨勢有大變化，股價也可能在移動平均線附近調整完畢後再度上漲。

即使在這種情況下，只要在檢查點先進行一定程度的停利，最糟頂多同價回補，依舊能保留獲利。這種部位控制法可以避免讓獲利變虧損。

在檢查點確認是否要續抱部位，可用包含 MACD 在內的技術指標，判斷趨勢反轉的機率後再決定。此時的關鍵就是「背離」。

正如**圖表 4-3**（由於觀察期間較長，此處採用週 K 線）所示，股價破前高，但 MACD 卻沒突破前高的水準，就是背離訊號。此時趨勢大多會有大變化，至少會有大幅度的價格調整，甚至是多空互換。

看**圖表 4-3**，日經 225 在 2007 年春季和夏季，都突破 2006 年 4 月創下的 17563.37 點，但同時期的 MACD 卻遠不及 2006 年 4 月的水準。比較 2006 年 2 月和 2006 年 4 月的高價，也會看到同樣的狀況。股價本身創新高，但 MACD 卻未跟上，代表上漲動能趨緩。

不過，我在設定停損點時，不是靠股價水準決定，而是當 MACD 出現平倉訊號時，一定要做停損。只要在 MACD 大幅乖離零軸的地方建倉，照理說不會頻繁發生需要停損的狀況。不過，若是在未充分達到停利水準時出現訊號，就表示趨勢非常強勁，一旦隨時間經過調整完畢後，股價很可能持續上漲，所以才需要先平倉。

4-5 短線交易的重點整理

本章解說完短線交易的重點和其他注意事項，本節做個整理。

- 交易目的是靠一定期間的股價變動獲利。

- 既然獲利的目的和期間改變，應該觀察的事物也會改變。

- 確實分析圖表，釐清現在的股價位置和今後預測。此時，也要確定目標價位和停損點。

- 事先掌握和分析個別的利空利多、新聞或財報發表等。

- 事先掌握和分析海外動向，或是對市場整體有影響的利多利空。

- 事先確認財經行事曆或財報時間表等預定。

- 不要過度沉迷看盤。要和市場保持一定的距離感與客觀的態度。

- 進出場的依據要有一貫性。

- 攤平要有計畫,嚴禁胡亂攤平(同超短期買賣)。

- 做金字塔加碼前,要先看清楚目標價位、加碼後的風險和獲利(同超短期買賣)。

- 發生意想不到的價格變動時,要依倉位狀況(個股數或風險量的狀況)判斷該優先避險還是停損。

NOTE

Chapter 5

中長期投資
（成長股）該怎麼選？

5-1 中長期投資，最重要的是分析基本面！

既然要站在中長期的視點，靠基本面的變化獲利，就要做好倉位控制，不要受到短期市場變動的過度影響。

中長期投資要做的事前準備，和當沖或短線交易有很大的差異。盤中幾乎沒什麼事要做，但調查企業或分析的時間會大幅增加。

中長期投資的投資判斷大多以基本面為基礎，但基本面短期間內不會有巨大的變化。如果是採多空策略，也不用太在意市場短期振盪。相反地，假如明明是以基本面為依據建倉，卻因為短期的市場變動而造成投資判斷出現偏差，就會造成問題。

即使只做多，如果資金操作前提條件（停損點等）的風險耐受度較高，就不需要因為短期的市場變動而患得患失。換個說法，**既然要站在中長期的視點，靠基本面的變化獲利，就要做好倉位控制，不要因短期市場變動而過度受到影響。**

　　此外，分析個人交易表現的重要度下滑，研究業界、研究企業和分析個股的時間則會增加。資訊來源除了《四季報》、分析師報告、各企業的即時公開資訊之外，法說會也很重要。最近有些企業還會錄下法說會的影像。

　　如果是投資信託或避險基金，基金經理人或分析師會直接拜訪企業，除了驗證數字之外，也會調查企業經營者的資質，或公司氣氛等無法從公開資料得知的資訊。

　　另一方面，隨著電腦處理性能急速成長，有很多公司開始活用 AI，並依據資料分析結果進行投資。利用大數據進行分析或教導 AI，同時建構出投資策略的流程，也是一種「量化投資」。

　　不過，由於股市相當複雜、變動因素眾多，尤其投資期間越長，左右市場的要素越多，因此目前中長期投資的電腦程式交易還在發展階段，相較於短期交易，程式交易在中長期投資的世界裡依然是稀有存在。

Column
交易員的幕後幫手

　　交易員是孤獨的，尤其在盤中和市場對峙時，會格外明顯地感受到這一點。不管多麼辛苦和害怕，到頭來都只能由自己做決定。不過，一旦有巨大獲利時，交易員也容易變得傲慢，覺得「錢都是我在賺」。

　　散戶一切都是自理，所以有這種想法或許無可厚非，但是交易員的狀況就不一樣了。交易員的確是舞台上的明星，但不能忘記後台其實有許多人在幫忙。再好的舞台，都要靠導演、大道具、小道具、照明、聲音、服裝、化妝等各式各樣的人協助才能成立。

　　交易員的背後有管理部門、監察與法規遵循部門、資訊部門、會計部門等後勤支撐。下單成交後，票據處理、管理、結算處理等工作都是會計部門在負責。系統發生故障時，有資訊人員幫忙解決。若發生問題，由監察與法規遵循部門向

政府管轄單位呈報。負責監控每日交易的，則是管理部門，而且，最重要的是信任你這個交易員，願意讓你在市場建倉的經營高層。

如果你因為賺錢就變得傲慢，忘記心懷感謝，當陷入困境時，不會有人想幫你，當想嘗試某種新事物時，也不會有人願意協助。

交易員的工作是在市場獲利，能賺到錢只是最基本且理所當然的事。千萬不能忘記，交易員是因為有他人的信賴和協助，才能長期從事這份工作。

插圖©高木一夫

5-2 為何市場話題股不是中長期投資的首選？

當個股開始受到市場矚目時，代表股價已經被高估。應該仔細思考該企業或個股的將來價值，已經在當前的股價上反應多少，再做投資判斷。

　　相較於超短期買賣，中長期投資進場時機的重要性較低。投資的目的著重於企業的成長性、價值的修正和變化，所以在分析階段能確實擬好劇本，並設定目標價位。

　　做多時，如果當前股價遠低於目標價位、獲利的可能性相較於風險更高時，就應該考慮進場。別因貪圖「買在最低點，賣在最高點」，而延誤進場。

　　中長期投資的交易目的，不是靠短期的股價變動獲利，所以應該避免「擬定劇本卻無法持有個股」的風險。持有期間可能會有某種程度的未實現損益，但只要劇本尚未完全亂套，價格應當會逐漸回穩。

　　最理想的進場時機，是在沒人注意到的時期持續買進，並持有一段期間，等到該個股的利多在市場上成為話

題，帶動買氣使股價暴漲時出場。

　　因此，假如標的已在市場上成為話題，使股價處於上升局面，買進並非上策。當個股開始受到市場矚目時，代表股價已經被高估。應該仔細思考，該企業或個股的將來價值已在當前的股價上反應多少，再做投資判斷。

　　如果只做多，建倉時機便要一定程度地分散。如果在市場整體處於高價位時，一口氣建倉，可能會在價格調整的局面蒙受巨大損失，而不得不停損。只做多時，容易受市場整體的方向性影響，所以相較於多空策略，進場時機有更重要的意義。

　　此外，多空策略因為搭配空頭部位，所以能抑制市場整體變動的影響，相較之下，只做多較容易直接承受市場變動的風險，部位控制也會變得更困難（參照本章第 4節）。

5-3 別在盤中分析、判斷出場時機，而應該……

不管是進場或出場，中長期投資都不是靠短期的價格變動獲利，所以分析、判斷時不要看盤中的價格變動，而應該在收盤後冷靜進行。

　　以長期持有為前提時，不適合「未實現損益達到幾％就停損」的規則。實現劇本、達到目標價位便可停利，劇本失靈則應該停損。

　　最困難的是發生意外狀況時。如果股價跌或漲到一個不可思議的水準時，該如何對應呢？

　　基本上，出現意外事件時必須視為劇本失靈，應盡快停利或停損。但在此之前，必須確實分析意外事件的原因。假如相較於自己當初擬定的劇本，出現新的利多足以讓股價漲破目標價位，而且是自己能理解的狀況時，應該繼續持有。相反地，當跌破目標價位時，如果能預測這個狀況只是暫時性、遲早會恢復水準時，也可以選擇不要停損。

　　不管是進場還是出場，中長期投資都不是靠短期的價

格變動獲利，所以分析和判斷時，不要著眼於盤中的價格變動，而應該在收盤後冷靜分析。假如經過分析後依舊無法理解原因，只要在下一個營業日執行停損，或是採取降低風險對策等應對措施即可。

　　不要過於拘泥每日的價格起伏，除非出現極端的股價變動，否則應根據平日的分析逐一對應才是上策。

5-4 投資時間越長，越要分散風險與評估投資組合

分析能力再優秀，預測也會有失準的時候。如果在一筆交易中投入大筆資金，失敗時將會受到致命的傷害。

　　中長期投資的部位控制重點在於分散個股。先不論沒有資金的情況，分散個股也能達到讓獲利穩定的目的。這是因為無論分析能力再優秀，預測也會有失準的時候。如果在一筆交易中投入大筆資金，失敗時將會受到致命的傷害。

　　當然，你可以依照自己的信心程度增減投入的資金。但如果太過集中，一次失敗可能對投資組合造成巨大影響，影響整體的操作。

　　分散個股時，還必須考慮到個股的流動性。各部位的流動性如果不平衡，容易有過高的流動性風險，導致進出場的執行成本增加。

　　舉例來說，假如想用 1000 日圓的股價買進，但該個股沒有一定的賣單，因此下買單時股價就會上漲，導致只

能用比預期股價更高的金額購買，這部分相當於執行成本。相反地，想用 1000 日圓賣出，卻沒有一定的買單時，賣單的成交價將會低於預期。所以投資組合的規模越大，流動性的考量越重要。

此外，運用的資產規模越大，越不能只是分析個股，最好也要學習評估和分析整個投資組合。**在市場變動時，應該事前掌握自己的投資組合會出現何種反應和風險。**

例如：用多空策略進行中長期投資時，如果多方偏重於中小型股，空方卻是代表性的大型股或股價指數，多空的投資組合特性將大相徑庭。兩者的差異可能成為獲利來源，也可能變成風險，因為中小型股主要是散戶，大型股則是外資的占比較高，這些投資人的動向將影響整個投資組合。

如前所述，應該進行各種分析，事先理解自己的投資組合績效好壞的原因。特別是運用他人資金的職業操盤手，因為負有向投資人說明的責任，更必須理解自己操作的投資組合。

5-5 中長期投資的重點整理

目前已經介紹完中長期交易的重點和其他注意事項，本節做個整理。

- 交易目的是從企業成長、業績變化等基本面和估價的變化中獲利。

- 以長期持有為前提，不要拘泥於短期的價格變動。

- 對股價水準，應該要有自己的基準和預測。

- 研究業界與企業分析是投資時的基礎。要確實擬定自己的劇本。

- 不要去追買賣已經很熱絡且正在飆漲的個股，應依照自己預估的股價水準進行投資判斷。

- 運用的資產越多，越要確實做好分散投資。

- 運用的資產越多，越應該充分考慮到流動性風險。

- 劇本實現後，達到目標價位便停利；劇本失靈或股價出現意外變動時則停損。

- 不光是分析個股，還要考量投資組合整體的特性或風險。

NOTE

NOTE

Chapter 6

衍生性金融商品
該如何操作？

6-1 什麼是衍生性金融商品？

若確實理解衍生性金融商品的機制，你不僅能比無法理解的人早一步發現獲利機會，還可以充分理解市場發生的狀況。

　　光是「衍生性金融商品的交易」這個主題，就能寫一本書，但本書的目的不在於此，所以本章僅介紹其特性、歷史和常識。

　　衍生性金融商品也分成超短期、短線與中長期交易，但由於衍生性金融商品是期貨交易、選擇權交易或兩者的組合，因此會產生各種交易方式。以衍生性金融商品為主的交易員，和以操作個股為主的交易員，有許多不同之處，這裡將以對象商品的特徵和注意事項為切入點，來進行整理。

　　閱讀本章時，可能會覺得艱澀或難懂，但衍生性金融商品的部位對股市整體影響相當巨大，因此確實理解衍生性金融商品的機制，有助於比無法理解的人早一步發現獲利機會，也能充分理解市場中出現的狀況。

　　日本代表性的股價指數期貨，有日經 225 指數期貨和 TOPIX 期貨，最近受矚目的還有 JPX 日經 400 期貨和 Mothers 指數期貨等。

　　此外，日經 225 指數期貨有在 SGX（新加坡交易所）和 CME（芝加哥商品交易所）上市，TFX（東京金融交易所）也設有日經 225 的保證金交易。不僅如此，還有和各股價指數連動的 ETF。以日經 225 或 TOPIX（東京股價指數）為交易標的的衍生性金融商品，可謂數量眾多。

　　此外還有選擇權交易。選擇權交易中，流動性最高、交易最頻繁的是日經 225 選擇權。個股也有選擇權交易，但不怎麼熱絡。

　　這些交易有各種運用方法，接觸時必須使用不同於個股的視點。以下將介紹其中幾個重點。

6-2 期貨的重點，在於先理解理論價格

實際上，在市場中的期貨交易價低於交易標的，絕不等於價格被低估。應該比較的是：期貨價格是高於還是低於理論價格。

　　這是衍生性金融商品交易中最單純的方式，也具有一定的流動性，因此也可用較大筆的金額交易。2005 年前後，地方券商的交易部門頻繁進行期貨交易，有段時期買賣資訊的前幾名都是地方券商。當時我也是其中一人，和其他公司的交易員（他們是朋友兼競爭對手）進行激烈的競爭。

　　但期貨交易相較於個股，受 HFT 或交易高速化的影響更大，導致地方券商能以此手法為主，賺取高額獲利的交易員銳減，現在已幾乎沒有交易量。

　　基本上，衍生性金融商品在短期交易上應準備和注意的事和個股相同，技術指標的有效性或事前應調查的項目也相同。在個股方面，必須事先掌握指數相關性較高的個

股資訊，但相關性較低的則不需太過關注。

附帶一提，指數相關性較高，代表個股股價會大幅影響指數動向。對日經 225 影響力較大的個股有迅銷、軟銀、發那科（提供機器人和電腦數控工具機等自動化產品服務）、KDDI、東京威力科創、京瓷等。

分析和預測日經 225 指數期貨的價格變動時，必須注意這些與指數相關性高的個股動向。接下來，說明交易期貨時必須先理解的重點。

① 理論價格

大阪日經 225 指數期貨隨時會有 13 種期貨，都是以 3 月、6 月、9 月、12 月（稱為「交割月份」）第二個星期四為交易最終日（一個交割月份的期貨到期後，下一個期貨會接著上市，所以隨時會有 13 種日經 225 指數期貨）。

此外，還有迷你大阪日經 225 指數期貨（註10）和不同交易所的日經 225 指數期貨等，上市的交割月份皆有不同的規定。

期貨交易其實只是衍生性金融商品。換句話說，因為有交易標的，才從中衍生出商品。大阪日經 225 指數期貨的交易標的，則是日經 225 股價指數（＝日經平均指數）。

實際看兩者的價格變動就能明白，日經 225 指數期貨是以日經 225 為交易標的，但價格絕不會一致。日經 225

指數期貨在交割月份的第二個星期五結算期貨交易時，會採用 SQ 值作為結算價（指數特別報價，也就是用成分股開盤價計算出的數值）。此外，兩者價格會反覆呈現若即若離的關係。

那麼，期貨交易的理論價格又是什麼？要先理解理論價格，才能判斷當前期貨交易的價格是被高估還是低估。其算式可以簡單寫成如下：

日經 225 指數期貨的理論價格＝日經 225 ＋利息－股利

利息是日經 225 採用的所有個股（以下簡稱一籃子股票）持有到 SQ 日（最後交易日的次營業日）為止的利息成本。股利則是一籃子股票持有到 SQ 日為止，能獲得的股利收入。

期貨交易不必支付總額，只要支付部分的保證金就能交易，所以不需要大筆的現金。相較之下，如果買一籃子股票，基本上要支付全額現金。

如果期貨和交易標的的價格一致，交易時不需要全額現金的期貨將比較有利，如此一來會產生矛盾，因此要在交易標的加上利息。

另一方面，股利則是持有一籃子股票的期間能得到的股利收入，但期貨不會有股利，所以要扣除股利部分。此

外，交割月份不同，結算期間也會改變，使得期間內可獲得的股利產生變動，因此理論價格也會依交割月份而異。

當股利收入大於利息收入時，兩者價差越大，期貨的理論價格會越低於交易標的價格。尤其在這幾年的零利率狀況下，理論價格往往會低於交易標的。實際上，期貨在市場中的交易價低於交易標的，絕不等於價格被低估。應該比較的是：期貨價格是高於還是低於理論價格。

只要知道這一點，就能增加期貨的交易機會。理解各交割月份的理論價格，便可以看出期貨價格是否被低估或高估。

期貨和交易標的是個別變動的市場，所以價格偶爾會乖離而出現套利機會，舉例來說，「跨商品套利」包括賣期貨、買現股（賣期買現）或買期貨、賣現股（買期賣現），還有「跨月份套利」，是靠不同交割月份的價差或是與理論價格的乖離來獲利。

② 指數成分股與相關率

交易標的的股價指數是由複數個股組成，而股價指數會依成分股產生特徵和差異。理解股價指數的差異，也能作為當沖或超短期買賣的選股基準。

例如：當特定業種或個股有極端的變動時，哪些股價指數容易因此產生變化？哪些股價指數容易受匯率或利率

變動影響？瞭解這些能幫你判斷當日的操作，應該以哪項指數為標的。

在此延長線上，還有一種交易手法稱為「配對交易」，NT 倍率（日經 225÷TOPIX）就是其中代表。舉例來說，判斷 NT 倍率暫時會上升時，代表日經 225 比 TOPIX 強勢，所以可買進日經 225 指數期貨，賣掉相同金額的 TOPIX 期貨。

在此簡單介紹代表日本的股價指數裡，包含哪些個股。日經 225 是日本經濟新聞社所挑選的 225 檔個股，TOPIX 則是由東證一部的所有個股組成。

兩者計算方法不同，日經 225 採用「修正式算術平均」，合計 225 檔個股的股價，再除以除數（註11）計算得出（必須考慮到「視為同面額」）（註12），因此基本上股價越高的個股相關性會越高。

TOPIX 則是使用「總市值加權平均」，以總市值為基準。即使個股的股價再高，只要發行量少或公眾流通市值加權較低，與指數的相關性就不會太高。

這樣的差異讓日經 225 和 TOPIX 的前 20 檔股票各不相同，兩種股價指數的特性也隨之產生差異，進而產生靠 NT 倍率獲利的機會。

JPX 日經 400 指數和東證 Mothers 創業板指數期貨（簡稱 Mothers 指數期貨）也各有特性。尤其是 Mothers 指數期貨，不僅採用的個股和其他代表性的股價指數完全沒重

疊，且投資人以散戶占最大比重，與外資占最大比重的東證一部不同，所以常會出現完全不同的動向。為了理解各種指數的特徵，必須一定程度地掌握成分股。

另外，指數成分股也可能出現替換，有時會是很大的交易機會。以下列舉 2000 年 4 月日經 225 的成分股大量替換為例。

2000 年 4 月 15 日，日本經濟新聞社宣布將同時替換 30 檔日經 225 的成分股，使得日經 225 暴跌，NT 倍率急速降低。日經 225 從發表後第一個交易日（4 月 17 日），到當月底下跌 12.04％，對比 TOPIX 同時期僅下跌 0.29％，表示只有日經 225 暴跌，可得知替換成分股的消息成了利空。

當時正值 IT 泡沫的尾聲，只要名字有「網路」或「高科技」的個股，都會有人買。鋼鐵、化學、素材等重工業類股，在股市的交易並不熱絡，股價持續走低。在這當中，日本經濟新聞社宣布，為了因應時代變化，將大量採用符合新時代的產業類股，並汰換掉舊有的重工業類股。

對理解股價指數的機制，以及知道該如何以此交易的人來說，這是一個驚人的決定。**圖表 6-1** 分別列出被汰換和新增的 30 檔個股。

從發表前的收盤價來看，被汰換的個股股價合計是 7819 日圓，新採用個股的股價合計是 148672 日圓。兩者的價差過於懸殊，因此大幅影響維持日經 225 連續性的除

圖表6-1 ▶ 2000 年日經平均（日經 225）替換的 30 檔成
分股

汰換	Nichiro、三井礦山、住友石炭、日本甜菜製糖、Honen、富士紡績、東邦合成纖維、Rasa 工業、NIPPON CARBIDE、日本化學工業、日本合成、旭電化、日本油脂、東洋橡膠、Nippon Carbon、Noritake、品川白煉瓦、日本金屬工業、日本冶金工業、日本電工、三菱製鋼、志村化工、昭和電線電纜、東京製綱、NIPPON PISTON RING、西華產業、岩谷產業、丸善、山九、三井倉庫
採用	JT、花王、第一製藥、衛采、泰爾茂、TDK、三美電機、松下通信工業、愛德萬測試、卡西歐、發那科、京瓷、太陽誘電、松下電工、三菱汽車、富士重工、東京威力科創、7-11、伊藤洋華堂、佳世客、日本興業銀行、大和銀行、東海銀行、靜岡銀行、住友信託銀行、安田信託銀行、住友海上火災保險、JR 東日本、DDI、NTT DOCOMO

數。

　　此一決定發表後，預計被汰換的成分股湧進大量賣單，新替換的成分股則大漲。然而，股價被哄抬的新成分股只是單純因為供需原則而大漲，在替換實施後，股價隨即大跌。

　　一些和日經 225 連動的投資信託，因為購買一籃子股票的所需金額急速增加，所以必須賣掉所有部位，累積並調整購買力。套利投資人也因除數大幅上升而受到影響，

這些因素都造成日經 225 暴跌。對理解股價指數成分股、計算方法及市場會出現何種交易的人來說，這是很大的獲利機會。

　　雖然往後應該不會再出現如此草率又危險的個股替換，但投資人還是要事先瞭解，替換成分股會影響股市波動，有時甚至會創造獲利機會。個股投資人也可能交易到被汰換或更新的個股，所以應該先理解供需背景。

註 10：大阪日經 225 指數期貨和迷你大阪日經 225 指數期貨，相當於台灣的台指期和小台指。

註 11：為了維持日經 225 的連續性，在計算日經 225 指數時，並非將股價總和直接除以 225，所使用的除數是將股票除權、增資、減資等可能影響股價的非市場因素考慮在內後計算出來。

註 12：過去日本的股票面額沒有統一，舊公司大多是面額 50 日圓，但新公司面額通常是 50000 日圓，還有個股是採面額 500 日圓。

　　原則上日經平均指數是以 225 檔個股的股價平均算出，如果面額 50 日圓的個股和 50000 日圓的個股相加，後者的股價會大幅影響日經平均指數，因此計算時，會把面額 50 日圓以外的個股全部換算為 50 日圓（即「視為同面額」）。

　　日本已在 2001 年廢止股票面額，統一為無面額股

票，現在的面額也不具實際意義，但回收流通的股
票、再重新發行會耗費成本，所以很多公司沒有回
收。

6-3　簡單介紹三種套利交易

交易標的和其衍生商品所組合的多空交易手法，目的是看準理論價格與市場價格的乖離，藉此從中獲利。只要能用好的價差建倉，幾乎不會產生風險。

　　一般說到「**套利交易**」是指靠期貨和交易標的的價差**獲利**，也就是賣掉被高估的期貨，買進被低估的一籃子現股（賣期買現）、買進被低估的期貨，賣掉被高估的一籃子現股（買期賣現）。

　　「未平倉餘額」是指套利交易所建的現股部位餘額。交易標的和其衍生商品所組合的多空交易手法，是看準理論價格與市場價格的乖離，藉此從中獲利。只要能用好的價差建倉，幾乎不會產生風險。

　　1990 年代，各證券公司都在做套利交易。不只是外資證券和大型證券商，連中小證券的交易部門也相當積極。當時交易速度很慢，因此有時交易標的和期貨的價差相當大，讓中小證券也有十足的獲利機會。

　　但隨著時代演變，這樣的機會將逐漸消失。交易速度越來越快，透過系統與程式監控的自動下單增加，讓交易系統產業隨之誕生。如此一來，資本雄厚、能大筆投資設備的外資、大型證券和銀行類證券獲得壓倒性優勢，現在中小證券已經不再進行這種交易。

　　此外，交易標的和期貨的價差也縮小，變得沒什麼甜頭，所以套利交易的目的也逐漸改變。外資證券和大型證券會進行「主要經紀業務」，把股票借給避險基金等客戶。

　　基本上，這項業務是向機構投資人或大股東借股，然後再轉借給別人。實際做法是透過自營的套利交易來限定風險，在公司內大量持有「一籃子現股」並外借，藉此賺取借券費。

　　這種交易的前提，是要具備資本力或極低的資金調度成本。不過，這類交易的規模會達到數兆日圓，所以必須注意其動向。

　　此外，還有各種「套利交易（避險交易）」，主要有以下幾種：

① 跨市場套利

　　相同交易標的在不同市場上市，當出現價差時，賣出價高者買進便宜者的一種交易。具代表性的有日經 225 的大阪交易所、新加坡交易所（SGX）和芝加哥商品交易所

（CME）之間進行的跨市場套利。

此外，在東京證券交易所上市的 ETF 和東京金融交易所上市的 CFD（Click Kabu 365），都是以日經 225 為交易標的的商品，也是套利的對象。

 ② **配對交易**

這是在不同交易標的的衍生性金融商品間，進行買賣的套利。

最具代表的是前面曾提過，搭配日經 225 指數期貨和 TOPIX 期貨的 NT 倍率交易。也有人在交易時，會搭配日本國內的其他股價指數期貨、海外股價指數期貨或商品期貨等。

 ③ **期貨與選擇權套利**

在日本，具充分流動性的選擇權市場，只有日經平均指數（日經 225），所以通常是以日經 225 期貨指數搭配選擇權做套利。

選擇權可搭配稱為「合成期貨」的買權和賣權，組成實質的期貨，藉由期貨和選擇權市場之間的乖離來套利。

充分理解期貨或類似商品的價格，便能進行這樣的交

易。但是，當前已經高速化的市場若沒有系統輔助，很難靠價差套利。從這方面來看，配對交易需要一定程度的市場觀點，交易員或散戶以此套利或許比較實際。

6-4 為何有人說：選擇權賣方很危險？

在確實理解的前提下，選擇權是自由度極高的商品，無論市場是漲、是跌，還是停滯不動，只要照自己的預測走就能獲利。

　　我第一份交易員的工作就是選擇權交易員。為了做選擇權交易，我做過許多功課，甚至學習程式語言。在做選擇權交易的期間，曾經歷阪神大地震和霸菱銀行事件。之後也做過個股、期貨的短期交易、多空策略、技術分析等各種交易。

　　因為有這些經驗，我能清楚告訴大家：**沒有比選擇權更能自由呈現自己市場觀點的商品。**

　　為什麼如此有魅力的商品，在日本市場卻不熱絡？這是因為過去出現鉅額損失的案例屢見不鮮，所以許多不想理解選擇權的市場關係者，才會亂貼「選擇權很危險」的標籤。

　　本節將講解造成這種結果的來龍去脈，說明問題的癥

圖表6-2 選擇權交易的鉅額損失案例

1990 年～ 2000 年	K 證券在日經 225 選擇權賣方的買賣權持有量都在前幾名，每個交割月份都有大量的賣方部位。結果市場出現劇烈變動時蒙受鉅額損失，交易部門被迫關閉，甚至要向關係企業的銀行私募新股來救濟。
1995 年	英國歷史悠久的霸菱銀行，僅因為一名交易員導致破產。雖然眾所周知，是因為他在 SIMEX（現 SGX、新加坡交易所）持有大量的日經 225 指數期貨多頭部位，但一切都是始於選擇權的賣方部位。
2000 年～ 2010 年	T 證券建立大量的極價外賣方部位，後來市場進入強勁的上升趨勢，因此產生鉅額損失，導致交易所變更保證金制度。
2011 年	日本 311 大地震和後續的核災使得股市大跌，導致建立極價外賣方部位的散戶產生鉅額損失，陷入無法償還債務的狀態。各家網路券商也不得不認列損失，甚至有公司被迫退場。

結，同時仔細分析選擇權交易。

選擇權交易過去出現鉅額損失的案例如**圖表 6-2** 所示。這些案例的共通點是做「選擇權賣方」。

從此之後選擇權賣方就被貼上危險的標籤，於是各家證券公司開始對選擇權賣方加上不合理的限制，導致選擇權逐漸失去妥善管理的交易環境，因此成為交易量無法成長的最大原因。

選擇權賣方真的很危險嗎？絕沒有這回事。有危險是因為沒有正確判斷選擇權賣方的風險，就隨便開大量的部位，這麼做是輕視「Gamma 風險」。

圖表 6-3 介紹評估選擇權的重要術語，請參考並閱讀以下的說明。這些用以表示選擇權風險參數的用語也被稱為 Greeks（希臘字母），因為給人數學的感覺，所以容易覺得困難。但這裡不用學到能懂該算式（模型）或算數細節的程度，只需大致理解即可。有些入門書籍會淺顯易懂地解說，也有網頁會提供模擬器等。

前面列出過去的鉅額損失，都有某種共通的想法：「如果是履約價較遠的選擇權，即使當賣方，風險也會比較小（不至於大跌或大漲到履約價）」或「同時賣出買權和賣權，就不會有方向性的風險」。

但這種想法有很大的陷阱。履約價較遠的選擇權稱為「極價外」，由於日經 225 到履約價的可能性很低，所以權利金非常便宜。

選擇權賣方的獲利有限，最多只能賺回權利金，因此期待獲利較少。於是，投資人想賣多一點口數，又因為認為履約價還很遠，便賣出一堆買賣權，或是誤認為同時賣出買權和賣權風險會比較低。這正是外行人的想法。

如果同時賣出買權和賣權，確實該時點的 Delta 值會非常小，乍看之下沒有方向性的風險，但此時的 Gamma 值會變得非常高。

圖表6-3 評估選擇權的重要術語

買權	買的權利。假設是履約價 25000 日圓的日經 225 買權,就表示有權用 25000 日圓購買日經 225。
賣權	賣的權利。假設是履約價 25000 日圓的日經 225 賣權,就表示有權用 25000 日圓出售日經 225。
SQ（Special Quotation）	指數特別報價。SQ 日是指計算 SQ 的日子,日經 225 選擇權從 2015 年開始引進一週到期選擇權,所以每週五會計算 SQ。
權利金	選擇權的價格。
隱含波動率（IV）	從市場上的選擇權價格（權利金）計算出的預測波動率。
歷史波動率（HV）	由交易標的過去的價格變化,計算出的預測波動率。
Delta 值	交易標的變動 1 單位時,選擇權價格的變動率。Delta 值為 1 時,價格的變動等同於交易標的,也就是和期貨（如果是日經 225,則為大阪日經 225 指數期貨）一樣。
Vega 值	IV 變動 1%時,選擇權價格的變化。
Gamma 值	交易標的變動 1 單位時,Delta 值的變化。
Theta 值	買進後,時間會經過 1 天,選擇權會跌價的幅度。
Rho 值	對利率的敏感度。除非持有大量的選擇權或交割月份非常久的選擇權,否則可省略不計。

　　外行人想法欠缺的是「日經 225 可能會到履約價」的慎重心態。 駕訓班會告訴學生開車不能抱持「應該吧」的想法，而是要做好「可能會」的心理準備，股市也一樣。

　　個股和期貨可輕鬆計算花了多少金額買進，如果跌到多少就會出現多少損失。選擇權雖然比較難計算進出場價，但既然有風險參數，就應該能試算出日經 225 跌到多少時，該選擇權的權利金會變多少。

　　不管有多少種選擇權的組合，還是要一一試算。確實做好這類模擬，就能防止自己像過去產生鉅額損失的案例一樣冒險。

　　在我還是菜鳥選擇權交易員時，做的是持有選擇權賣方部位的交易，是稱為「賣波動性、負 Gamma」的部位。眾所周知，這種策略 10 次能贏 9 次，但只要輸 1 次損失就會超出前 9 次獲利。

　　當時曾發生阪神大地震和霸菱銀行事件，如果不採取對策便會出現一定的損失，但結算時，我都能成功沖銷部位，並以獲利告終。

　　當時我每天早上都會做選擇權的模擬計算，以建立避險方案，例如：日經 225 跌到哪裡，就賣期貨避險；漲到哪裡時，賣權的權利金大概會變多少，再買回並用預測的履約價賣掉。

　　如此一來，因為已經能想像日經 225 跌到某價位時，部位會變得如何，所以不會動搖和焦躁，只要以平常心控

制部位，照著事先訂立的方案執行即可。

選擇權的確是很困難的商品，必須確實讀懂使用說明書。然而，選擇權並不危險，危險的是「未確實理解選擇權就冒險的行為」。若能確實理解，選擇權是自由度極高的商品，無論市場是漲、是跌，還是停滯不動，只要照自己的預測走就能獲利。

遺憾的是，現在只有極少數的證券公司，可在一定程度的自由環境下操作選擇權。你或許會覺得，學會也無用武之地，但日本業界已開始出現一些動向，旨在讓更多人理解選擇權的魅力。如果你有興趣，請試著深入研究看看。

NOTE

想長期在股海生存，
該如何做好心理控制？

7-1 交易期間越短，心理控制越難，所以……

最有效的心理控制法，是在尚未持有部位時，先整理好獲利和風險。如此一來，只要客觀觀察股價變動，同時採取必要的對應即可。

　　建倉就等於冒險，而人類在冒險時，心理上會因期待和不安而產生糾葛。大家常說股市是欲望和恐懼的遊戲，這句話一點都沒錯。

　　交易時間軸越短，難度越高。這是因為必須在短期間內不斷做出判斷和決策，而無法冷靜觀察市場。短線交易或中長期投資時，比較有時間回顧交易，但超短期買賣則沒有時間上的餘裕，常被迫當下做出判斷和決策。

　　因此請記住：交易時間軸越短，越需要具備心理控制的技巧；交易時間軸拉長時，則比較需要具備分析能力。究竟如何應對，才能做到適當的心理控制呢？

　　必須做到不被情感和主觀迷惑，客觀面對市場。最好的方法就是事先確立「會漲多少」，也就是預估獲利和停

利點（目標價位），同時思考「最低可能會跌到哪裡」，也就是風險的最大值和停損點。投資人如果能自行事先預測停利和停損點才進場，便能在股價振盪時保持冷靜。

另一方面，沒有這些劇本、只因感覺會漲就買進的投資人，遇漲會開心，遇跌則感到不安。因此，最有效的心理控制方法，是在尚未持有部位時，先評估獲利和風險。

只有在尚未持倉時，最能冷靜客觀地判斷市場。因此在進場前，先思考這檔股票可能會漲到哪裡，以及會有跌到哪裡，決定好目標價位和停損點後再建倉。如此一來，只要客觀觀察股價變動，同時採取必要的對應即可。

7-2 想做好交易，要先懂得虧錢的可怕！

如果想在股市長期存活並不斷取勝，必須能夠感受、面對恐懼，才能察覺危險並努力克服。

在充滿危險的金融世界中，恐懼的情感顯得非常重要。如果想在股市長期存活並不斷取勝，不知道或不願意面對恐懼絕對不是好事。有些膽小是好事，但如果害怕到不敢出手、裹足不前的程度就太過頭了。正因為知道自己害怕，才能努力克服或拚命研究；能夠感受到恐懼，才能察覺到危險。

感受不到或無法直視恐懼的人，會做出危險的投機行為。對以投資為職業的操盤手而言，如此冒險的方式絕不會被公司或投資人允許。至於散戶，雖然只需自行承擔虧損的額度，但如果導致必須退出市場，肯定不是出於自己的本意。

我曾經害怕到雙手發抖或睡不著，還曾懊悔地關在房間裡大吼大叫。有一次，因為損失的金額多到讓我太過難

受，甚至衝到廁所裡吐。

　　但我絕對不是軟弱的交易員，後進常會問我：「為什麼前輩能受得了賠這麼多錢？」

　　我想，這是因為過去我為了擁有面對恐懼的勇氣，在檯面下拚命努力，並且克服痛苦的經驗。

　　不知道恐懼為何物，只是匹夫之勇，不願正視恐懼則是逃避現實。我們應該要面對並瞭解恐懼，然後努力克服它，讓自己越來越強。具體做法將從本章第 4 節開始解說。

插圖◎高木一夫

7-3 狀況不對時，別急著贏回來，你應該……

想扳回損失終究只是一廂情願的主觀想法，而交易一旦陷入自己的一廂情願之中，就代表失敗。

在此談談我的經驗，聊聊關於「這輩子都忘不了的一天」。各位記得 2003 年 12 月 13 日發生什麼事嗎？美國在 911 事件後引發第二次波灣戰爭，伊拉克首都巴格達淪陷後，美軍在這天的「紅色黎明作戰」中，捕獲一直逃亡在外的前伊拉克總統海珊。

當時我只是一介股市交易員，而那一年的狀況很好，到 10 月為止氣勢如虹，幾乎足以刷新最高的年獲利。光是 4 月到 10 月的獲利就超過 3 億日圓，可說是勢如破竹。但 11 月後狀況卻開始不對勁，變得跟市場不合拍，不停出現一賺一賠的狀況，不但損益的振盪幅度頗大，又無法獲利。

這種不協調感到 12 月進一步惡化，儘管我察覺不對勁，卻無法克制自己，於是用一大筆錢隨便亂建倉，導致

出現幾百萬日圓的損失。然而，此時我還是覺得這點錢有辦法賺回來，於是繼續交易。

沒想到，原本虧的幾百萬日圓不但沒賺回來，損失反而逐漸擴大，甚至超過 1800 萬日圓。我從沒連敗得這麼慘過，心裡當然很慌，覺得必須設法挽回。這時，我看到海珊落網的新聞，認為是個絕佳的機會，因此立刻買滿銀行股和日經 225 指數期貨的多頭部位。我的劇本是海珊被捕後，中東情勢會穩定下來並使股價上漲，希望藉此挽回虧損的劣勢。

建倉後我馬上得到一大筆帳面獲利，不過還沒有完全彌補 1800 萬日圓的損失，所以決定繼續以買滿部位的狀態持倉過夜。這是因為我期待歐美股市會隨著東京股市上漲，並使東京股市在下一個交易日持續漲勢。然而，這裡有一個很大的陷阱。

海珊落網的新聞披露於日本股市交易時間，並使得日經 225 上漲。歐美股市的股價如果沒有更大的漲幅，就表示日經 225 的漲勢不合理。當天晚上，我心驚膽跳地觀察紐約市場的交易，紐約道瓊一開盤就大漲 100 點。我當下覺得「壓對寶了」，但若紐約道瓊只上漲 100 點，日經 225 的上漲依舊不具正當性。

附帶一提，12 月 13 日捕獲海珊是日本時間的週六，所以股市休市，而 15 日週一的日經 225 比上週末漲了 321 點。要正當化這波 321 點的漲勢，紐約道瓊僅漲 100 點是

不夠的。

　　隔天一覺醒來，卻發現紐約道瓊的 100 點漲勢沒有維持住，而是開高走低。當下我的眼前一片漆黑，接下來的心情從搭電車到公司上班為止，好像受刑人在等候執行一樣。

　　日股開盤後，我想先處分手頭一半的部位，於是下了銀行股和日經 225 指數期貨的賣單，但大家都在想一樣的事情，一堆市場參與者開始拋售手頭的部位。

　　特別是銀行股當初有很多投機客進場炒熱行情，因此拋售也相當狠，導致市場持續賣單高掛，無法成交。後來日經 225 指數期貨也開盤，我預測會下跌，並建置空頭部位想填補損失。但等銀行股成交停損後，日經 225 指數期貨卻一口氣漲了 100 點，讓我的損失進一步擴大，最後這個時間點，我的損失已經達到 3400 萬日圓。

　　當時我被允許的單月虧損上限是 4000 萬日圓，我認為在這樣的狀況下已無法挽回損失，所以向主管道歉，並清空所有的部位，請主管讓我自己判斷何時再開始交易。這是為了在不持倉的狀態下，冷靜分析自己的交易哪裡出問題。

　　一旦在交易中出現鉅額損失，肯定會忍不住拚命想彌補。不管是操作公司資金的交易員，還是操作個人資金的散戶都一樣，因此容易引發焦躁情緒，造成下了壞棋。

　　總而言之，假如自覺狀況不妙時，應該暫時離開市場。

在停損的狀態下退場固然難受，不過清空部位可以讓自己暫時恢復冷靜。我會離開市場，重新檢視當初建立的部位，藉此冷靜分析自己是哪裡做得不好。

當時我的具體做法，是逐一檢視 11 月以後交易不順利的部位。我找出的結論是因為 10 月以前的良好狀況讓自己太自滿，導致和市場動向不合拍，最後引發焦躁。

為什麼我會知道？因為我發現，自己在平常會慎重判斷的地方隨便涉險。自滿讓我連續虧損，又因急著彌補而心浮氣躁，於是陷入惡性循環。**我帶著主觀看市場，才會不由自主地胡亂出手**，明明時機不對，卻誤認為機會來了。

換句話說，我的交易是追著市場和價格變動，交易次數雖然增加，但卻不是基於客觀判斷建倉，所以勝率才會一路下滑。再加上至今累積的獲利讓我輕忽風險，完全沒有控制部位。我不斷濫用大筆資金，甚至不顧自己對交易是否有把握。

想扳回損失終究只是一廂情願的主觀想法，但交易一旦陷入自己的一廂情願之中，就代表失敗。我之所以在海珊落網時，全力買進銀行股和日經 225 指數期貨，又冒著過高的風險持倉過夜，都是因為急著彌補損失。這種判斷源自我的一廂情願和焦躁，虧損也是理所當然。若沒控制好心理，不管是散戶或交易員，都有可能陷入泥沼。

7-4 想培養心理素質，要先從「對自己有信心」開始

一天損失 1000 ～ 2000 萬日圓鉅款卻不痛不癢的人，不叫心理素質堅強，而是喪失生存所需的迴避危機本能。

　　不管再怎麼認真，腦筋再怎麼好，我認為心理控制做不好的人最好不要碰超短期買賣。此外，不服輸、自尊心高和容易一頭熱的人，也不適合超短期買賣。

　　雖然超短期買賣和完全靠運氣的賭博截然不同，但還是有投機和賭博性的因素。**一旦血氣上衝，你不會有時間恢復冷靜，如果在這樣的狀況下重複進行短期交易，很可能出現鉅額虧損。**

　　另一方面，交易時間軸越長，越容易做好心理控制。即使當天在盤中虧損，內心七上八下又焦躁，收盤後還是有時間重新檢查自己的部位，客觀分析變成這樣的原因，所以比較容易控制自己的心理。

　　我目前管理近 50 名股市交易員，他們的心理素質和交易手法各有不同。不擅長心理控制的人，也能用交易時

間軸較長的策略獲利。市場的範圍非常廣，獲利方法也不只一種。因此，確實掌握自己的優缺點，找出符合自己的交易方法，才是在這個世界成功的秘訣。

相反地，即使是具有高潛力的交易員，如果一直用不適合自己的方法交易，也永遠都贏不了。要找到適合自己的交易方法，心理控制是最簡單的測試法。

如果你是不擅長心理控制、容易在瞬息萬變的狀況下，隨波逐流而失去自我的人，即便想選擇短時間軸，最好不要選擇當沖，只到短線交易才是上策。

可能會有讀者覺得：「心理素質的強弱是與生俱來的，再怎麼努力都無法改善」，但我不這麼認為。或許有人天生心理素質比較強，但也能靠後天的努力鍛鍊，而我就是過來人。

我小時候讀書和運動都不是特別優秀，整體算是平均水準，在班上也不是特別引人注目。當時我的心理素質並不比其他人優越，甚至對自己沒有自信。

後來我遇到了改變自己的機會，是一次自行車公路賽。既然是比賽，就要獲勝才有意義，所以我拚命練習，也參加過許多大賽。雖然剛開始得不到名次，但我仍因不甘心而不斷練習，並且持續參加比賽。在反覆練習和參賽的過程中，我終於在某次大賽得到優勝。

這個經驗讓我開始相信自己的可能性，就算是這樣的我，只要持續努力一樣能有成果，讓我產生自信。自信不

是自戀或平白出現的東西，而是相信自己肯定做得到，並為了挑戰自己的可能性，而不斷努力學習或鍛鍊身體，才能培養出自信，也就是相信自己。

這股自信是我鍛鍊心理素質的契機。所以我認為自信不但可以靠後天努力獲得，心理素質也能靠後天培養，只要能找到讓人改變的契機，任何人都能鍛鍊出堅強的心理素質。

這裡說的心理素質堅強，不等於麻木不仁。一天損失1000～2000萬日圓鉅款卻不痛不癢的人，不叫心理素質堅強，而是喪失生存所需的迴避風險本能，這會產生另一個問題。

舉例來說，我以前常會全力建滿部位，卻因股價變動而造成數千萬日圓損失。這時候經常有人問我：「賠了這麼大筆錢，為什麼你還能毫不在意呢？」

其實我絕不是毫不在意，**而是因為我從過去的經驗學會面對自身弱點的方法，而且我相信即使蒙受鉅額損失，憑自己的能力再花一些時間，就能完全回填。**就算狀況很糟糕，我仍相信有辦法解決並冷靜應對。因此，前文提及那次難忘的損失，後來也被我回填了，這讓我變得更強大。

面對市場時要學會控制自己，所以我非常重視心理控制。當出現損失時，我常對自己說：「我一定能回填這筆損失，但不能急躁，想扳回一城的情緒太過強烈，交易就會失敗。」

　　下一節將具體解說這句話，告訴大家穩定心理的 7 個
重點。

7-5 重點1：賠錢時，應暫時與股市保持距離

金融市場中，不同交易市場和個股會以各種形式互相影響。因此投資個股拚勝負時，必須記住巨大金融市場的關聯性和結構。

　　短期交易容易讓視野變得狹隘。不斷在極短時間內下判斷和決策的過程中，不知不覺會變得只關注特定個股的股價動向和委託單資訊。即使知道真實的股價是隨著經濟、政治、社會情勢等各種新聞而變動，也容易忘記關心相關資訊，只追著股價和委託單跑。

　　想在股市獲利，要避免陷入視野狹隘的狀況。或許有人會說：「我只交易中小型個股，對市場整體動向沒興趣」，但個股的價格變動多少會受市場整體價格影響。

　　此外，除了國內外的股市，還有買賣特定資產的個別市場，例如：國內外債券市場、外匯市場、原物料商品市場、不動產市場，或是最近成為熱門話題的虛擬貨幣市場等，也會相互影響價格。日圓漲會帶動日股跌，日圓跌時

日股則會漲，便是典型的例子。

　　舉最近的例子，如果比特幣等虛擬貨幣市場大幅崩盤，日本的新興市場股價可能也會大跌。原因在於，目前聚集在虛擬貨幣市場的投資家多半是散戶，而且據說世界上的虛擬貨幣交易，大約有 4 成是日本散戶。在這樣的市場結構下，假如虛擬貨幣的泡沫崩盤大跌，大多數散戶都會縮小自己在市場的部位。

　　此外，即使日經 225 持續上漲，新興股市場的成長也可能停滯。這是因為東證一部市場的交易比重中，外資占近 7 成，而東證 Mothers 或 JASDAQ 等新興股市場則有 6 成是散戶。如前所述，不同交易市場和個股之間，會以各種形式互相影響。因此，想透過投資個股拚勝負時，必須記住巨大金融市場的關聯性和結構。

　　為了不讓自己陷入視野狹隘的窘境，應該有意識地與市場保持距離。我做當沖等超短期買賣時，只要交易虧損，就會立刻停止交易，重新估算時機。先果斷停損清空部位，並在手中沒有部位的情況下觀察市場，便能讓自己暫時恢復冷靜。

7-6 重點2：交易完成後，記得為自己寫檢討報告

很多失敗是因為無謂的判斷錯誤而賠大錢，讓人想消除這段記憶。但正因為是令人想遺忘的失敗，事後確實驗證才更有意義。

　　我剛當上交易員時，常對所有交易寫下評論。不只記錄當天的交易收支，還會檢討當天自己進行的每一筆交易。做當沖時，一天可能會做幾十筆交易，我每天會花 2～3 小時，一邊回顧跳動點圖，一邊反省交易內容。

　　實際回顧交易狀況，會清楚知道，一整天所有交易都很順利的狀況十分罕見，一年都不一定有一次，而且肯定會出現「過早停利」或「不該有的損失」的狀況。因為無法在盤中回顧，所以我選擇在收盤後，最冷靜、客觀的狀態下進行。

　　很多失敗是因為無謂的判斷錯誤而賠大錢，讓人想消除這段記憶。但正因為是令人想遺忘的失敗，事後確實驗證才更有意義。

　　每天重複這項作業，理當能慢慢減少失敗。事後觀看評論的筆記，能為自己累積更確實的經驗。這項作業或許漫長又無趣，但我持續了 5 年以上，這個過程幫助我累積自信，讓我在面對嚴峻的市場環境時，依舊保持冷靜。

　　中長期的部位交易雖然與當沖的分析方法不同，但本質是一樣的。為了客觀分析自己的投資組合部位，不過度沉浸在特定的單一部位，讓自己變得一頭熱，必須客觀地自我分析。

7-7 重點3：別逞一時之快，下單前多問自己：「為什麼？」

市場不會逃走，往後肯定還有其他機會，應避免因為「沒賺到這一波」的情緒，而採取不合理的行動。

　　許多投資人在某檔個股賠了大錢後，都會想著「必須回補這筆損失」。每個人都會有這種想法，我也不打算否定，但奇妙的是，許多人會想靠著害自己賠錢的那檔股票扳回一城。這或許是基於心理因素，因為蒙受損失會讓人感覺被否定而不甘心，才會想靠同一檔個股贏回來。

　　但這是最不合理的想法。損失是因為誤判個股的價格動向。如果知道誤判的理由，修正後的確可以再用相同個股進行交易，但許多人不明就裡，只是一廂情願地覺得「在哪跌倒就要從哪站起來」，於是又買相同的個股。

　　這種行為不僅不合理，甚至是錯誤的。同樣地，還有其他因不合理判斷而影響交易的案例。舉例來說，假設找到一檔覺得很好的個股，稍加觀望後，發現股價果然逐漸上漲。這時候，照理說就應該買進，但許多投資人反而覺

得：「早知道應該在上漲前先買」，並開始煩惱：「應該在這裡買進嗎？可是股價已比當初看到時漲了許多，等股價拉回時再買比較好吧。」

　　猶豫不決的過程中，股價卻沒有如願拉回，反而不停上漲。如此一來，這些人會覺得沒賺到這一波而開始焦躁。直到最後一刻，才下定決心追高買進，但股價往往在此時觸頂，這可說是看心情建倉的典型模式。

　　原本應該在覺得可以買的瞬間，或確認起漲時就買進，結果卻猶豫不決，直到股價漲更高後（事後看來正是在快觸頂時）才決定買進。客觀來看，這是最不合理的行動。

　　如果到最後一刻都不進場，起碼不會虧損。確實，沒買進就沒賺到這一波，但實際上也沒有損失。若你遇到同樣的情況，應該多加警惕，避免因為「沒賺到這一波」的情緒，而採取不合理的行動。市場不會逃走，肯定還有其他機會。

　　上述交易開始的那一刻，你可能已經失去冷靜。此時更應該暫時和市場保持距離才是上策。

7-8 重點4：切記進場與出場的依據必須一致！

越短期的交易越容易輕忽依據，很可能成為逐漸迷失自我的契機，影響到下一次交易。

　　進場時一定會有依據，但持有部位後，可能因為種種情緒，而在不知不覺間迷失。這時候，出場的依據容易和進場時不同。冷靜且客觀地回顧交易時，可能連自己都搞不清楚為什麼要這麼做。**為了避免迷失在市場這片大海中，進場和出場的依據是否一致非常重要。**

　　舉例來說，儘管股價如預期上漲，卻因為完全不同的依據中途出場，可能因此成為逐漸迷失自我的契機，因為「搞砸了」或「好可惜沒賺飽」的焦躁感影響到下次交易。尤其越是短期的交易，越容易輕忽依據，請提醒自己意識到這一點。

　　相較於短期交易，中長期投資比較有時間客觀分析狀況。換句話說，中長期投資的心理狀態，會因為收盤後的冷靜分析得到控制。收集微觀和宏觀的各種資訊並分析

時，便會逐漸恢復冷靜。中長期投資比較有時間控制心理狀況，所以比短期交易更容易應對。

做中長期投資時，股價動向有時會和擬好的劇本相反，造成未實現損益膨脹。中長期投資的交易員要依據基本面、財報內容、業績變化率來擬定劇本、預測未來的股價，不過，預測也可能猜錯。此時的重點應該放在是否知道股價為何和預測不同。

股價不光反應基本面和業績預測，也可能因供需動向或 M&A 等事件而大漲，各種因素相互交雜。如果能看出這些因素，只需要修正劇本即可。修正劇本後如果判斷可繼續持有，就應該不停損而繼續持倉，因為股價遲早會回歸正軌，損失也可能回復。

但偶爾也會找不出股價和預期方向相反的原因，導致未實現損益膨脹，這時候的應對會變得十分困難。

若不知道股價往反方向前進的理由，就無從應對，而且中長期投資很難先暫時平倉。當你不知道股價走勢沒照劇本走的原因時，當然也無從判斷該在哪停損。即使是心理控制比較容易的中長期投資，也會陷入焦急難耐的狀態。

因此，中長期投資要在操作方法下工夫，避免在發生上述狀況時造成致命傷，也就是分散投資組合，不要讓風險過度集中。 如此一來，心理層面的控制也會比較穩定，不易被擊垮。

7-9 重點5：別因漲跌改變目標價位，要冷靜觀察股市

不管是停利或停損，都應該在進場階段決定好，並且謹慎執行。如此一來，便能冷靜客觀地觀察自己的部位，避免出現重大的失敗。

　　不管是短期或中長期，建部位前都應有確實的依據，並且事先決定目標價位和停損點，精神上才會比較輕鬆，內心也不會像在搭雲霄飛車。我自己都會嚴格遵守，就算是超短期買賣，也很少看委託單就下單。

　　假如原本打算在股價上 1000 日圓時停利，但是從委託單發現買盤較強勢，股價可望破 1000 日圓時，多數投資人應該都會把目標價位上修到 1100 日圓左右。這時如果實際股價持續上漲，上看 1050 日圓、甚至 1100 日圓，目標價位又會被拉高到 1200 日圓。

　　然而，當快到 1200 日圓時，股價卻開始下跌。假設目前跌到 900 日圓，而進場價是 700 日圓，代表每股的未實現獲利有 200 日圓，所以現階段出脫所有持股還能獲利。

不過，即使能賺 200 日圓，大部分看過 1100 日圓的投資人卻不會在 900 日圓賣出。

　　他們會一廂情願地認為「稍微再堅持一下，股價可能會回到 1100 日圓，運氣好可能會漲到 1200 日圓或 1300 日圓」，於是繼續持有部位。這就是所謂「錨定效應」，內心會覺得賣得比之前的高價低，都是在賣心酸的。這個例子就如本章第 7 節所述，沒虧損卻覺得好像虧損一樣，導致做出不合理的行動。

　　現實往往沒自己想得這麼美。股價會從 900 日圓不停往下跌，買方看到下跌就不再進場，而高價買進的市場參與者則陷入恐慌而拋售。到了那個時候，可能會陷入想賣也賣不掉的窘境。

　　這是典型的交易惡例，**如果有充分的依據倒另當別論，若只因價格變動就隨便更換目標價格，又因為沒賣到最高價而覺得虧損，反而把獲利都賠光了。**為了避免這種狀況，最理想的做法是：不管停利還是停損，都應該在進場階段決定，並且謹慎執行。

　　過去，我在進場後會馬上用事前決定的目標價格下好限價單，停損則會在股價跌到停損點時，一口氣全額賣出。

　　因此，下完單後只要站在觀察者的立場，冷靜地觀察自己的部位狀況，一邊和市場保持距離，一邊觀察市場有無照預測走，是否有奇怪的走向。如此一來，便能冷靜客觀地觀察自己的部位，避免出現重大失敗。

7-10 重點6：股神也會犯錯，要勇於承認自己的錯誤

金融市場實在過於龐大且複雜，相較之下，自己只是渺小的存在，所以犯錯也無所謂，重點在於要避免在犯錯時受到致命傷。

　　我在養成回顧交易的習慣後，內心彷彿多一個人監視自己，如果交易得太得意忘形，他就會發出警告：「你稍微休息一下比較好。」

　　回顧交易是非常枯燥乏味的作業，但反覆進行能客觀看待自己，甚至注意到自己的傲慢。沒看見自身傲慢的人，往往無法冷靜檢討自己的錯誤，甚至會把錯誤推給別人，覺得「是市場有問題」、「是告訴我買這檔股票的人不對」。這種人最好不要在金融世界交易。

　　世上確實有天才型的交易員，他們不需特別努力，靠感覺便能拿出確實的成果，而且心理控制也相當完美，但大多數的人並非如此。假如交易稍微順利一點就過度相信自己，肯定會失敗。

　　避險基金之王索羅斯、奧瑪哈的先知巴菲特等投資世界的佼佼者，也承認自己時常犯錯。所以像我們這樣的凡人會犯錯可說是理所當然。

　　我也不例外，由於自覺到這一點，我將部落格取名為「渺小交易員部落格」。金融市場實在過於龐大且複雜，自己相較之下只是渺小的存在，所以犯錯也無所謂，重點在於要避免在犯錯時受到致命傷。

　　接納不成熟的自己，理解自己身為凡人也會犯錯，如此一來，當判斷失誤時，就不會做出傲慢且不合理的行動，像是因固執而不肯停損，或隨便亂攤平等。

　　請告訴自己：「犯錯也沒關係」，看清自己的弱點，謙虛接受錯誤。因為知道自己會犯錯才會努力，並且成為你的勇氣，讓你面對市場的恐懼。正視自身弱小踏出第一步，才能學會真正的堅強。

Column
細心做好每筆交易

　　想要控制心理層面，懂得轉換心情很重要。有些人靠喝酒來達到目的，但切記：可以喝酒轉換心情，但喝酒逃避現實就不是好事。

　　要鼓勵失落的人，常會說：「忘了煩心事吧」，但這句話不適用在市場。正是因為虧損，所以必須確實面對現實，並把失敗當作墊腳石。

　　判斷哪裡出錯、該怎麼做才能避免失敗、如何實現更大的獲利……，應該面對自己的失敗。

　　要治癒在市場上受到的傷，只有在市場賺回來。但想一次就恢復原狀是錯誤的想法，是因為過度期盼「想快點解脫」、「想脫離困境」，而產生焦躁。任何人都容易有這樣的想法，但想一口氣挽回損失，跟賭博沒兩樣。

　　想挽回損失是自己的主觀想法，但市場不會照自己的想法走。那麼，該怎麼做才好？答案是不管多小，總之先累積勝利。即使是少額，也要

不停累積勝利，讓自己重整旗鼓。先從「讓一整天的收益變正值」開始，就算賺 1 塊也好，每一筆交易都要有獲利。

　　會賠錢到被逼入絕境，表示自己在市場上迷失了，這種狀態下想急著獲利遲早會受重傷。正因為情勢很苦，更應該一筆一筆仔細交易並獲利，找回原本的自己。

　　超短期買賣的獲益是由慢慢累積而來，不重視每一筆交易和每日交易的人，肯定不會順利。因此重點在於是否能細心地累積交易。

　　必須挽回的損失越大，越應該朝附近的供水站前進，而不是看著遙遠的終點。附帶一提，當我出現大筆損失時，不會讓當月獲利等資訊顯示在電腦上，因為這會讓我因終點太遠而感到挫折。即使如此，只要持之以恆，往往能在不知不覺間挽回損失。

7-11 重點7：別急著賺大錢，一步一腳印才是王道！

懂得如何面對並控制風險，才能持續獲利，為此你必須有能力面對市場和自己。

我畢業進入社會後，被任職的證券公司分派到交易部門，至今還記得新手時代持有部位虧損的事情。

那是一筆僅有一口的大阪日經 225 指數期貨。當時我還是菜鳥，要透過直屬主管用電話下單。

其實前一天快收盤時，我就想賣掉手上持有的期貨，也有告知主管，但主管正熱衷於自己的交易，沒有聽見我的要求，結果那一口指數期貨就這樣持倉過夜。

隔天，美元兌日圓跌破 1 美元兌 100 日圓，開盤後日經 225 就跌了 500 點，讓我的多頭部位損失 50 萬日圓。對當時的我來說，50 萬日圓的損失實在太巨大，當時眼前真的是一片漆黑。

後來我的心理素質變得越來越堅強，甚至賠 6486 萬日圓，也相信總會有辦法賺回來。經歷過無數次的痛苦和

恐懼，為了克服困境，每天都會檢視交易、不斷自我檢討、鑽研交易手法、持續建倉反覆越過困境，所以才有現在的我。

這段路程大概花了 10 年。**不管是職業的交易員或散戶都一樣，鍛鍊心理素質必須長時間累積各種經驗，不要想 1、2 年就能達到這樣的水準。**

要得到真正的實力，應該持續面對市場和自己、不要心急。有時候，市場多頭確實能趁機賺一波。但這時如果誤以為能輕鬆獲利是自己的實力，只會讓你變成遇到空頭就賠光出場的投資客。

交易員不會如此簡單就成長茁壯，要懂得如何面對並控制風險，才能持續獲利，因此你必須有面對市場和自己的能力，一步一步成長茁壯即可。

我目前在培育年輕的交易員，他們的狀況就跟以前的我一樣。讓毫無基礎的人上場，每月大概會固定損失數十萬日圓，之後才會越賠越少。

藉由各種磨練，例如：在快要崩潰時，抽身重新評估進場時機等，慢慢學會面對市場和自我的方法，讓自己能逐漸獲利。**直視並分析自己的失敗，並活用在下次的交易上，必須靠枯燥而踏實的累積，才能獲得真正的實力。**

散戶也一樣。因為是自己做投資，周圍不會有人幫忙檢查或制止，必須自行摸索如何自我控制並成長，有時候或許比交易員更困難。

　　觀察成功的散戶，會發現其運用的資產金額增加幅度大致呈現 J 曲線（這是因為隨著本金增長，獲利也會慢慢以複利增加）。乍看之下好像能短期賺大錢，但其實不是這麼一回事。

　　「手上有 100 萬日圓，1 年後要把它變成 1 億」的想法，實在太過輕率。市場不會依照你的願望行動，所以應該改用持續累積的方式，例如：今年目標 10％，把 100 萬日圓增加成 110 萬日圓，明年再努力一點，把 110 萬日圓增加 20％，每年不斷努力提升績效。腳踏實地重複累積經驗，才能讓獲利增加幅度呈現 J 曲線。

　　想要不靠運氣，而是在可控制的狀態下達成目標，需要許多前提條件。雖然無法一步登天，但只要持續努力就會有成果，所以不需要著急。想在 1 年內用 100 萬賺 1 億的人，必須自覺到：自己正在冒 1 年可能賠 1 億的風險。

　　我能理解想要賺錢、想要早日變成大人物的心情。但請先瞭解這條道路既險峻又遙遠。市場有各種變化，唯有持續奮戰和經歷各種磨練，才能獲得真正的實力。

　　如果想越級成長，一旦碰到沒經歷過的局面，很可能會蒙受意想不到的鉅額虧損。請不要焦急，一步一腳印慢慢成長茁壯。

7-12 心理控制的重點整理

本章解說心理控制的重點和其他注意事項，在此做個整理。

● 重點一：虧損時先和市場保持距離。

● 重點二：客觀分析交易部位。

● 重點三：別做不合理的行動。

● 重點四：不要迷失交易的依據。

● 重點五：最理想是變成觀察者。

● 重點六：自覺自己只是普通的人。

● 重點七：成長需要花費時間。

NOTE

NOTE

NOTE

.

Chapter **8**

傳奇交易員
怎麼做資金配置呢？

8-1 如何分析交易的表現？檢視這三個指標就OK！

每天監控三個指標，能看出自身交易是否順利並找出問題點。確實記錄指標後，只要觀察時間軸，就能驗證自己的交易。

資金管理的第一步是理解自己的交易。如果不理解自己交易的績效和特性，就無法做好資金管理。避險基金也需要分析自己的基金是如何運用、有何特性，然後向投資人說明，使其理解後掏錢投資。

不管是交易員或個人都一樣，必須先理解自己的交易。過去我在第一線時，也會分析自己的交易績效。當時，我是以短期交易為主，所以分析並不複雜，只要會用Excel等試算表軟體便能輕鬆計算。

具體的計算方式是合計所有的交易並計算勝率。如果勝率有51%屬於剛好及格，60～70%算是相當不錯，超過80%則是特優（但很少會超過）。

計算勝率後，再針對每筆交易的獲利或虧損，計算獲

利額和損失額。這裡要注意「平均獲利額應大於平均損失額」，如果兩者相反則表示不合理。除此之外，還要檢查最大獲利和最大損失是否平衡。

分析短期的交易績效時，我會確認以上三個指標。若能讓勝率在51％以上、平均獲利額超過平均損失額，且最大獲利大於最大損失額的話，獲利必定為正。相反地，三個指標中若有一個太差，等於無法穩定獲勝，就必須找出原因。有時可能是自己的市場觀點不正確，或是心理控制不佳。

透過這三個指標尋找交易不順遂的原因，有兩個重點：

勝率 50％以下時，可能是對市場的判斷有問題，或是過多無益的交易

勝率無關賺賠的金額，只是單純顯示市場是否朝自己建的部位方向變動，所以機率越高，等於市場越如自己所願。換句話說，勝率越高等於對市場的預測越正確。

勝率太低大多是因為預測不準，很可能是自己沒有正視市場，或因焦躁等原因而被價格變動率牽著鼻子走，於是做出多餘的交易。當流程中的分析不順或被輕忽時，容易發生這種狀況。

平均損失額大於平均獲利額，最大損失額大於最大獲利額時，很明顯是沒做好停損

　　這種情況等於獲利沒增加又賠大錢，頻繁發生這種交易就表示沒有設好目標價位和停損點，而且心理控制不確實，導致損大利小。尤其當最大損失額過於極端時，往往是在交易中完全失去自我，又不願服輸而造成的結果，必須正視自己沒勇氣認輸這件事。

　　每天監控這三個指標是件簡單的事，能看出自身交易是否順利並找出問題點。沒耐心持續記錄交易日誌的人，只要確實記錄指標、觀察時間軸，就能驗證自己的交易在哪裡發生問題、哪裡順利，問題點又是在哪裡。

　　至於中長期投資或多空策略等，由於還需要其他不同的分析，內容相當複雜，因此在此省略。重要的是客觀分析自己的操作，掌握其特性、問題點、獲利泉源和風險等狀況。

8-2 先弄清楚資金的來源與性質，再判斷可承擔多少風險

運用資產時，最重要的是合理思考：在自己的風險容許度下，該以何種獲利為目標。看清這一點，便能掌握停損點，並選擇適合的投資策略。

　　有一句話說：「錢沒有顏色」，但絕非如此。在投資的世界中，金錢是有顏色的，投資的資金管理要從分辨顏色開始。

　　金錢顏色指的是「金錢的性質」。每筆資金追求的事物、期待獲利、容許風險等各不相同。

　　第 7 章提到：「最多只能損失 100 萬日圓的情況下，想在 1 ～ 2 年內賺到 1 億日圓」，這種運用方式在想法上就已經失敗了。

　　但金融市場絕無不可能。假如要用 100 萬日圓的資金，在 1 ～ 2 年賺到 1 億日圓，這時或許可用 100 萬日圓當保證金，持續進行高槓桿交易，或投資波動性高的個股，賭看看是先賠掉本金還是先賺到 1 億日圓，說不定也有機會

達成目標。

但這種涉險的方法能稱為資產運用嗎？靠這種賭博的做法，風險容許度卻只有 100 萬日圓，怎麼看都不對等（本金先賠光的可能性相當高）。

從這個例子也能看出，**運用資產時，最重要的是合理思考：在自己的風險容許度下，該以何種獲利為目標。看清這一點，便能掌握停損點，並選擇適合該操作的投資策略。**

以交易員來說，由於操作的是公司自有資金，所以金錢的顏色會依公司而異。具體來說，公司內部會規定：「操作金額是多少，因此每個月的虧損上限大約多少」。

主管也會改變金錢的顏色。就我個人的情況來說，我會信任交易員，只要不到停損點，都會交由交易員自行判斷。但有些主管即使還沒到停損點，只要損失金額擴大就會開口干涉。站在交易員的角度看來，明明是照公司規則在思考風險和獲利，還要被指手畫腳，實在讓人受不了。

總之，以交易員身分進行操作時，要掌握公司給的操作金額、停損點，以及主管對風險的寬容度，並配合他們，否則工作很可能不順利。雖然這是交易員受限制的地方，但反過來說也能幫忙踩剎車。**身為專業人士，應該在被賦予的規則範圍內控制風險。**

避險基金的操盤手則必須遵循公開說明書，參酌委託操盤的投資人意向進行操作，而且會規定每年要有多少獲

利。

　　操作年金也一樣，大家或許以為他們能用非常長期的時間進行操作，但其實年金必須每年公布運用績效，所以只能以年為單位擬定運用計畫。

　　信託投資更複雜，因為投資人是不特定多數的散戶，很難預測他們會用什麼模式追加資金和申請解約。

　　如果是年金基金等的操作，每年會結算一次。只要績效良好，投資契約隔年就能續約；要是成績不好，契約可能會改簽給其他投資公司，但至少能操作一年，有明確的時間間隔。

　　然而，以個人為對象的投資信託一切都看個別投資人的心情，因此必須一邊計算資金的出入，一邊進行投資。

　　散戶的情況又是如何？因為運用資金是自己的錢，所以不必向他人報告，運用度的確最自由。然而，還是應該確實計畫和管理，在有限範圍內自由操作。

　　例如：把生活費拿去投資股票就是錯誤的決定。無論挑選的個股股價再怎麼穩定，股票永遠都有下跌風險。生活費是指每月的伙食費、治裝費、房租、教育費和其他日常生活的必需開銷，不應該拿去投資有風險的股票。

　　有些人投資股票的原因，是想要早點賺到買房的頭期款，但想得太過簡單。要儲蓄買房的頭期款，應該靠能確實獲利的金融商品。

　　從這個觀點來看，散戶投資股票應該使用閒錢。閒錢

是指純粹當作金融資產儲蓄的部分，舉例來說，如果投資目的是為了退休生活，若希望增加儲蓄，以長期投資的觀點來看，一定範圍內的股票投資算是妥當。

　　不論如何，在投資前最重要的是，先整理自己想運用的金錢具備何種性質。

　　交易員或基金經理人等操作他人資金者，要掌握公司規則、規定的風險容許度，以及相對於風險上限，該以何種獲利為目標。散戶應該先規劃好生活和未來，知道自己能承受的風險有多少，應該以何種獲利為目標。**瞭解投資運用的前提條件，是資金（風險）管理的第一步。**

8-3 資金控管的藝術，在於「贏要衝、輸要縮」！

獲利和虧損時，也要彈性調整部位。獲利時要更積極，虧損時則要保守。

　　拳擊比賽時，如果只會全力打直拳，是贏不了的。必須確實做好防守，一邊閃躲不讓對方擊中，一邊打出刺拳。等待機會，並在抓到時機後，用全身力氣打出直拳。遇到強勁對手時，防守更要確實。

　　交易也一樣，確定行情能獲利就多冒一點險，但賺不到錢或難獲利的行情，則必須做好防守。有時就算靠判定獲勝，也必須贏得比賽，不是每次都必須靠 K.O. 來風光取勝。

　　如果是能輕鬆取勝的行情，不妨做滿部位一決勝負；但如果遇到難做的行情，使用同樣的方法八成會途中陣亡。**配合狀況彈性調整部位，對交易員來說是重要的技巧。**

　　市場不會永遠都有趨勢。當出現明確且持續性的趨勢時，只要順勢建立部位即可，所以能懷著自信進行交易。

但如果是小幅波動的行情則難以預測，有時也會不確定自己建立的部位是否正確。

對個股的分析也會出現自信上的差異。有時對分析結果充滿自信，有時則不然。即使對於市場的預測或個股分析並非一直有把握，卻總是把部位建好建滿，說不上是有效率的做法。

此外，投資也跟拳擊一樣，反擊拳的威力可能會造成致命傷。只想靠大贏或一注逆轉的人根基往往不穩，容易失控重複賭博性的交易，1、2 次可能還很順利，但總有一天會遭到反擊而消失在市場中。為了避免這樣的下場，應該學習彈性地操作部位，這就是部位控制。

附帶一提，這裡說要依自信的程度彈性建倉，但不等於沒什麼自信就不要建倉。有時為了讓自己恢復冷靜，應該暫時離開市場，但如果必須持續進場，從維持心理素質的觀點來看，即使不太有把握，不妨也試著建小倉，因為有可能出現沒建倉，股價卻上漲的狀況。

第 7 章提過，遇到這種狀況，有時會後悔沒先買，然後因為焦躁而決定追高進場，結果股價已經觸頂。與其如此，不如在內心猶豫時，先少量建倉來維持心理狀態。該休息時則抽離市場，停止一切交易，確實分清楚狀況。

同樣地，獲利和虧損時也要彈性調整部位。獲利時要更積極，虧損時則要保守。依損益狀況調整風險量，就是損益控制。這是資金管理基本中的基本，一定要記在心裡。

　　最危險的情況是損失越滾越大，卻冒更大的風險想拚一次逆轉。這種行動往往是出於想快點挽回損失的情緒，具有這種個性的人基本上不適合做投資。

　　虧損一定有理由，例如：行情的預測錯誤或進場時機錯誤等。明明犯錯，卻不積極驗證是哪裡做得不好，反而建更大的部位想扳回一城，不可能會成功。就算行情剛好救了你，遲早也會出局。

　　虧損時應該縮小部位，極端來說，一天就算賺 1 元也好，應該累積小小的勝利。如此一來，遲早會恢復交易的節奏，讓你能再次獲勝挽回虧損。

　　這裡舉我的親身經驗為例。在我單月虧損 6486 萬日圓時，雖然公司給我的單月虧損上限是 7000 萬日圓，但在達上限前我就自己踩剎車。

　　在那之後，我細心驗證每一筆交易，重新建構交易流程，並把交易的部位量減少到 6 分之 1。接著決定好獲利目標，例如：賺回 500 萬日圓就把部位量調高，下一個目標則定為 1000 萬日圓。達成後便再調高部位，再以 2000 萬日圓為目標……。階段性提升目標，並慢慢回升部位量。

　　孜孜不倦地重複這個過程，下個月的交易成果終於讓我滿意，不僅挽回 6486 萬日圓的損失，還賺到總額 1 億 2104 萬日圓的獲利。由此可見，靠這種樸實的方法，一樣能扳回一城。

　　另一方面，交易持續獲勝時可增加部位。基本上，在

獲利時可以積極搶攻，如果這時候不積極獲利，你永遠沒辦法建大倉，無法將獲利最大化。而且，該積極時不積極，也無法提升運用資金的能力。以我自己來說，這時候我會盡量嘗試用 120％的力量去操作。

但太過積極也可能陷入意想不到的危險，因此必須格外留意。不管交易多麼一帆風順，市場總有一天會颳起逆風。屆時，如果冒太大的風險，很可能會造成致命傷。

另外，當節奏跑掉、覺得「這波虧了」的時候，也要有勇氣停手，這點很重要。如果還固執地加碼進場，可能會把至今累積的獲利吐回去。

雖然都是涉險，但獲利時和虧損時的涉險方式應當不一樣，若能確實控制，最後肯定能獲得確實的利益。

8-4 投資絕不是無本生意，要先設定風險容許度

如果能輕鬆變成億萬富翁，背後一定藏著莫大的風險。不要想一夕致富，並在覺得能獲利時就出手。請務必牢記這兩點，慢慢累積獲利。

　　該容許多少風險，又該以多少獲利為目標？基準該如何設定？許多人在建倉時，會先設好虧損上限，因為沒人想賠錢。換句話說，大家對風險的容許度會有明確的想像。

　　但獲利又如何呢？既然開始投資了，應該都會有「想賺多少」的想像。人類都有欲望，獲利時欲望會不斷湧現，即使每月的虧損上限只有 100 萬日圓，卻會期待每月能有 1000 萬日圓的獲利，容易設定欠缺平衡的獲利目標。

　　然而，這樣的風險和獲利設定並不合理。若要比較賺到 1000 萬日圓的機率和賠 100 萬日圓的機率哪個高，肯定是後者大幅領先。用這種獲利目標投資，只會增加馬上賠光 100 萬日圓出場的機率。所以，只能承擔 100 萬日圓風險的人，不能追求 1000 萬日圓的獲利。

　　相對於 100 萬日圓的虧損上限，該設什麼程度的獲利目標才算合理呢？**依我的經驗來說，「目標獲利是風險容許度的 2 倍」最為合理**。換句話說，每月虧損上限如果是 100 萬日圓，單月目標獲利就是 200 萬日圓。但會因為交易手法（操作策略）或各種條件（例如金錢的性質等）而改變。

　　可能有人覺得 2 倍很少，但這就是現實。不過，如果單月的獲利能到 200 萬日圓，下個月的風險容許度便能上調到 150 萬日圓，讓目標獲利變成 300 萬日圓。如此一來，隨著達成獲利逐漸上調風險容許度，終究能帶來巨大利益。

　　如果希望總有一天能成為可動用大筆資金的交易員，唯一的做法是慢慢增加操作金額。這點對散戶來說也一樣，想成為億萬富翁，只能一點一滴慢慢累積。

　　不要想一夕致富，並在覺得能獲利時出手。請務必牢記這兩點，慢慢累積獲利。能輕鬆變成億萬富翁的方法，背後一定藏著莫大的風險。

　　我還是菜鳥交易員時，有人告訴我：「每個月能賺 1000 萬日圓，才稱得上是交易員。」一天賺 50 萬日圓，20 個營業日都獲利就能賺到 1000 萬日圓。但實際上，不太可能做到勝率 100％，每天都獲利。

　　所以我當時想：「想達成每月 1000 萬日圓獲利，只要讓自己一天能賺或賠 100 萬日圓，並且讓勝率達到 75％

（15 勝 5 敗），就能賺到 1000 萬日圓。」

　　話雖如此，剛開始交易技巧還不好，所以要從更小的金額開始慢慢獲利，讓公司增加自己的虧損上限和可控制的部位量。當我總算達到單月獲利 1000 萬日圓的那一刻，不禁相當感慨：「終於走到這一步了。」

　　接下來繼續挑戰單月獲利 3000 萬、5000 萬，再來是 1 億……，花了好幾年的時間來慢慢成長。

　　當我察覺時，當初虧個 50 萬日圓都會眼前一片漆黑的我，已經成長到即使虧損 6486 萬日圓，也相信有辦法解決的地步。

　　總之，唯一的做法是要理解風險的性質，配合虧損上限來控制風險，持續獲利並慢慢拉高目標。你必須花費時間，腳踏實地、不疾不徐地重複累積。配合風險容許度設定合理的目標值，再搭配風險控制，讓交易有彈性。只要能確實做到這些細節，雖然需要耗費時間，但終究會達到期望的結果。

　　此外，請理解風險量不等於金額。舉例來說，投資的個股屬於新興股時，流動性會降低，但股價的波動性則會變高。用這種個股建倉時，雖然能期待更高的獲利，但風險也會增加，所以必須控制部位量（風險量）。

　　操作交易波動性高的個股時，如果腦中只想著「期待獲利」，而建立大量的部位（冒高風險）是很危險的事。投資大型股 1 億日圓和投資新興股 1 億日圓，風險截然不

同。

　　只想著獲勝後的期待獲利，而隨意冒巨大風險的人，不可以說是能控制風險。最重要的是，如何面對壓錯寶時的風險。

　　此外，散戶依個人年齡、家庭成員、生涯規劃，可容許的虧損上限和目標獲利也會不同。用類似財務規劃師的想法來看，越年輕的人能冒的風險就越大，而家中小孩越多的人所需的教育費越多，能冒的風險則會變小。

　　想在金融世界長期存活，不可或缺的是對風險抱有確實的想法。

8-5 買在最低點、賣在最高點？專家說：不要想賺好賺滿

要是股價照預期高漲，期待便會水漲船高，但潛在的下跌風險也會提高。如果此時先賣掉部分的部位落袋為安，就能以優勢立場，在市場上用剩餘的部位奮戰。

　　每個人都想買在最低點，賣在最高點。但實際上沒人能做到，就算做到了也不過像中樂透一樣，純屬運氣好而已。此外，停利時也並非一定要一口氣出清部位。

　　舉例來說，目標價位預設是 1500 日圓，而你在 1300 日圓進場買了 1 萬股。現在股價漲到 1450 日圓，這時你賣出一半的部位落袋為安，便能獲利 75 萬日圓。

　　這樣做的好處是，假如 1450 日圓是股價的高點，即使接下來跌回進場價的 1300 日圓，但你已經在 1450 日圓時，將一半部位落袋為安，此時出清還是能賺 75 萬日圓。

　　如果能將 1 萬股握到最後，再一口氣停利，會賺得更多，但你無從得知哪個時間點才是「最後」。

　　有時候雖然事先設定目標價位，卻在還沒到達時，股

價就下跌了。當股價跌到進場價時，許多人都認為：「一定會再上漲」，但股價很無情，有時就是會續跌。

　　假設你捨不得在 1300 日圓賣出，結果又跌到 1150 日圓。如果你持有 1 萬股用 1300 日圓進場的股票，跌到 1150 日圓等於損失 150 萬日圓。但如果在 1450 日圓時先賣出 5000 股，手上就會有 75 萬日圓的獲利，即使不得不將剩餘的 5000 股在 1150 日圓時脫手，也能抵銷產生的損失。

　　未實現獲利是尚未確實入手的東西，會依分秒變動的股價增減，所以只要持有部位，就會因股價變動而患得患失。要是股價照預期高漲，期待便會水漲船高，但潛在的下跌風險也會提高。此時如果先賣掉部分的部位落袋為安，就能以優勢立場在市場上用剩餘的部位奮戰。

　　此處舉的例子只是其中一種做法，不但屬於資金管理，同時也是心理素質管理。千萬要記住：不要把獲利變成虧損。

　　出場不是只抓一個點位，有時分散會比較好，這點也能套用在進場。不要一次投入大筆金額，可以把資金分成 3 等分試水溫，如果上漲就分 2 次進場，逐漸增加部位量。

　　若是股價在試水溫的階段就開始下跌，也可以馬上停損。如此一來，因為只用 3 分之 1 的資金進場，損失也會變小，分散買賣時機也是一種技巧。

NOTE

Chapter 9

從股市的歷史循環，判斷未來股市會怎麼走？

9-1 1990年代：靠價差賺取獲益機會

這個時代對交易員來說，雖然個人的報酬面不佳，但交易環境卻十分受惠。就算交易系統再慢，環境也遠優於客戶。

　　我畢業進入業界，是在 1990 年代前半。剛進入社會時，我被分派到股市部的期貨選擇權課，擔任選擇權交易員。當時我連電腦都沒真正摸過，也不擅長數學和英文（簡單地說就是書沒讀好），所以我當下的心情是「怎麼會這樣！」

　　當時的主管曾創立套利團隊，有實力又嚴厲，不過也很會照顧人。報到後主管立刻要我「出去見識見識」，把我送到債券部實習幾週，也當過幾週的交易所經紀人，累積各種經驗。

　　本章會逐一解說從我剛成為社會人開始，一路看下來的「交易員」樣貌。

　　1990 年代前半電腦才剛普及，當時的 Windows 版本是 3.1，Excel 雖然已經問世，但當時的人大多習慣使用一

種叫 Lotus1-2-3 的試算表軟體。年紀較長的大叔們大多苦於不知如何因應時代變化，使得電腦教室風行一時。當時的我也不太精通電腦，所以剛開始一樣很辛苦。

　　不管是法人還是散戶，當時的股票交易主要是用電話透過股票部交易。在此簡單說明當時買賣單如何成交。

　　證券交易所有一項稱為「交易所經紀人」的工作，會在證券交易所的大廳（交易廳）走動並下單。假如客戶透過業務負責人（或法人客戶的專屬交易員）下 1000 股豐田汽車的買單，營業負責人接單後會告知股票部內的熱線負責人。

　　熱線負責人會透過連接證券交易所和證券公司的「下單熱線」傳達買單內容，在交易所接熱線的人，便會用手勢把下單數量告知交易所經紀人。隨後，交易所經紀人會把買單交給負責撮合各證券公司買賣單的人，進行競價撮合。

　　有大筆買賣單進來而交投熱絡的個股，撮合者那邊也會門庭若市。交易所經紀人要在吵雜的環境下，邊推擠邊前進，設法讓自家的買賣單早一點成交。

　　當時交易所經紀人的必備條件是強韌的肉體，所以多半是高中畢業、有運動鍛鍊過、身心強韌的人才，而非一流大學畢業生。

　　買賣單好不容易成立後，要依照下單的相反步驟，把買賣單成交一事告知客戶，完全靠人工作業。從客戶下好

買賣單到得知成交內容，再快也要花好幾分鐘。

當時有一部分的個股稱為「系統交易股」，能透過交易所提供的裝置買賣，衍生性金融商品主要也是透過交易所的裝置交易。但要設置這些裝置的成本高昂、有許多限制，所以能使用的人數相當有限。

但在這樣的環境下，當時的交易員卻是人手一台裝置，可自行判斷直接下單。雖然交易廳個股只能透過熱線負責人進行電話下單，不過由於他們都在同一樓層，隨時都能找到人。因此這是交易員具有高度環境優勢的時代。

客戶的買賣單送到交易所前會經過好幾道流程，執行過程也較花時間。相較之下，交易員只要一覺得「有賺頭」，就能直接透過裝置或熱線負責人立刻下單。

這不代表當時允許「超前交易（註13）」，但從客戶角度來看，這個環境的確堪稱不公平。

那當時的交易員會被嫉妒或厭惡嗎？其實並非如此。當時交易員和業務部門之間沒什麼隔閡，管制也比較鬆散。

當客戶想處理大筆賣單或拋售（認賠殺出）時，市場有時會沒有足夠的買單。此時交易員可以自行承擔風險買下來，協助客戶完成訂單，也就是增加市場的流動性，擔任協助客戶成交的角色，所以交易員甚至會受到業務負責人感謝。

但這種寬鬆的環境也成為非法手段的溫床，例如：彌

補虧損和利益輸送等問題。彌補虧損是指，當證券公司的大客戶在股市交易蒙受損失時，由證券公司代為彌補。同樣的，也會讓大客戶進行有利的交易以輸送利益。這些做法明顯違反規定，所以法律和社會對證券公司加以嚴厲制裁。

1990 年代初期，日本泡沫經濟崩盤後，被確保獲利壓得喘不過氣的各家證券公司，必須面對這些所謂證券業界醜聞所引發的問題。

之後法規強化，能頻繁聽到「防火牆（註 14）」一詞。交易員逐漸與其他部門隔離，因為資訊阻斷等因素，失去協助客戶下單和提供流動性的作用。提高獲利成了僅存的職責，所以逐漸變成一切自理的工作。

當時的交易員基本上是正職員工，幾乎沒有像現在這樣的簽約制，一般員工會被分發到交易部門擔任交易員。此外，也幾乎沒有成功報酬（獎金），即使能夠年賺幾億日圓，頂多也只是獎金增加 100 萬日圓，或是獲得總經理獎而已。從公司角度來看是一個美好的時代。

在此介紹一下，在我剛畢業時所接觸到衍生性金融商品的情形。

各位知道日本第一個期貨是什麼嗎？其實不是大阪日經 225 指數期貨，而是 1987 年，在大阪證券交易所上市的「股票期貨 50」。不過，在我進入業界時，股票期貨 50 已慢慢式微，交易比較熱絡的是大阪日經 225 期貨指數

或 TOPIX 期貨。

1990 年左右，所羅門兄弟靠套利獲得鉅額利益，於是其他證券公司也爭相開始套利。這是一種需要足夠資金的操作方式，但中小證券也很積極投入。因為市場有很大的價差（獲利機會），據說當時日經 225 和日經指數期貨的價差甚至可達數百點。

當時市場分析師最常說的評論是：「未來漲勢可期，所以期貨被大量買進。」只要確實理解理論價格和 SQ 的機制，沒有比這風險還低又美味的交易。「理解商品機制讓價差成為獲利機會」，在現今也很重要，所以請牢記在腦中。

我過去隸屬的衍生性金融商品團隊，也有做過這種套利。要買日經 225 的一籃子股票，就必須一口氣下單買進 225 檔個股，如果每一檔都要手工處理，實在太花時間，所以我們還特地投資設備，打造出能用系統下單的環境（話雖如此，不過就是靠薄薄的 8 吋磁碟片，發出「咔嚓、咔嚓、咔嚓……」的聲音，把訂單發送出去）。

接著會用印表機印出成交內容，把成交價手動輸入 Excel 或 Lotus1-2-3，再用工作表計算，花費這麼多工夫，才終於計算出這一籃子股票換算成日經 225，是用多少價位買進或賣出。

這個過程中所耗費的工夫和時間，在現代簡直難以想像。不過，當時市場確實有很多足以獲利的價差。

　　其實這個時代對交易員來說，雖然個人的報酬面不佳，但交易環境卻十分受惠。交易系統再慢，環境也遠優於客戶。以現在來說，便是能做到「靠下單延遲做套利」的一方。

　　在客戶的買賣單送達前，具有環境優勢的交易員能先下單到市場中，並在得知客戶的買賣單內容後，早一步搶單。當時也禁止這種超前交易的行為，但回想起交易廳的景象，會覺得靠下單延遲的套利確實存在。

　　昔日的交易所經紀人，會注意大型證券或外資證券設在交易所內的小房間。小房間裡有各券商的熱線負責人，等著接客戶的買賣單。

　　熱線負責人透過電話接到單時，馬上對自家的交易所經紀人比手勢，告知交易的個股和股數等，交易所經紀人收到資訊後，跑到撮合者那裡讓買賣單成交。基本上，各家證券公司的手勢都一樣，所以大型證券或外資證券只要一進大筆的單，其他券商也會看得一清二楚。

　　因此，大家都會留意常有大筆買賣單的大型證券或外資證券。一旦發現動向，便爭先恐後跑到撮合者那裡，以便自家的交易比大型證券或外資證券的大單，更早一步下單。雖然相當手工，但也是一種靠下單延遲的套利。

　　然而，那樣的時代在 1999 年 4 月 30 日宣告結束，東京證交所關閉交易廳，買賣單的撮合全部系統化，從此再也看不到這樣的景象。

交易所經紀人也失去舞台，大多轉行當自營交易員。過去的交易員大多身材壯碩，正是因為有很多人以前是交易所經紀人。

在這個時代，一樣有賺錢和不賺錢的交易員。兩者的差異，取決於他們能確實看清自己與市場到何種程度。回顧當初，由於當時的市場有很多價差，交易員又身處優勢環境，賺錢可說是理所當然。

我做了一陣子交易員後，便能做到單月獲利幾乎未虧損的程度，用第 8 章解說的績效分析來看，當時的單月勝率應該有 90%。

註 13：搶在客戶交易之前先買賣，屬於非法交易。

註 14：防火牆為日本金融用語，意指銀行業務與證券業務的資訊阻斷，以防止利益衝突和非法交易。

Column
交易員的另一項作用

　　獲利是交易員在工作上的最大目的和作用。正如本文中介紹，交易員的角色隨著時代變化，逐漸集中在獲利上。但不能忘記，另一個作用就是提供流動性。

　　對過去的市場來說，交易員的買賣單或交易是支撐流動性的重要存在，有人想賣就去買，沒人委買或委賣就自行出示價格。隨著時代演進，這項工作被俗稱「造市者」所取代。

　　對於變成契約制、一切都要自理的交易員來說，做上述的麻煩事只有風險沒有優點，可說是一大負擔。現在交易已經高速化和複雜化，缺少能用系統揭示價格的環境，要造市反而相當困難。

　　交易所也一樣，由於交易員的買賣占比大幅減少，轉由 HFT 取代，所以也有許多人認為 HFT 能帶來充分的流動性。這幾年，造市者和

HFT 支撐著市場的流動性，讓交易員的存在感日益薄弱。

我在新人時代，每當交易所有新的期貨或選擇權商品時，會理所當然地協助該商品在市場上立足，包括學習商品內容、計算出理論上的適當價格、下單使其成交等。

這是因為如果該商品成功且頻繁被交易，自己就會多一口飯吃，也對市場有助益。

但時至今日，若要交易新商品，每次都必須投資和開發系統，所以越來越多證券公司以「不知道該商品能賺多少」為由，不進行應對。這導致交易員幾乎無法在新商品出現時，立即開始學習，交易所也越來越依賴造市者。

造市者基本上只會被動涉險，相較之下，交易員會憑藉自身的市場觀點積極涉險。正因為有交易員進場交易，買賣單才會有競價，然後逐漸形成市場。

市場的多樣性非常重要，交易員能提供市場流動性、幫助市場發展，我們應該回想交易員其實還有這樣的作用。

　　一度瀕臨絕種的交易員，應該以發展和活化市場的角色重新活躍。努力讓市場相關人士覺得交易員不可或缺，這對業界的未來也非常重要。

9-2 2000年前後：IT泡沫造就股市黃金期

交易員所處的環境從此產生劇變，契約逐漸成為普遍的聘用形態，許多公司開始網羅優秀的交易員，希望靠交易金融商品獲利。

　　1990 年代泡沫崩潰之後，日本社會處於痛苦之中，對金融的不安節節攀升，住專問題（註15）、證券交易不景氣和證券商醜聞屢上新聞版面，山一證券、北海道拓殖銀行和日本長期信用銀行等大型金融機構相繼破產，其他金融機構和證券公司也接連整併求生存。

　　我個人印象最深刻的是 1995 年的霸菱銀行事件，一名交易員在 SIMEX（現在的 SGX，新加坡交易所）操作日經 225 指數期貨，竟然把英國歷史悠久的霸菱銀行弄到破產。正因為我們曾在相同舞台，用相同商品在市場競爭，更讓我切身體會到：絕不能用傲慢的態度面對市場。

　　幾年後，我第一次跳槽，對當時還是新手的我來說，真的是背水一戰。交易員換了新公司就必須有一定的成

果，否則要有被解僱的心理準備。當時我拚命想獲利，原本是以期貨為中心交易，後來拜託主管也讓我交易個股，開始親自參與各種交易。

那時候網際網路一詞還很新穎，正開始成為熱門話題，我為了做選擇權交易，還特地去學程式語言。當時我也覺得網路時代十分有趣，因為改變正在發生，會讓人期待時代變化。

報紙上每天都能看見網際網路一詞，俗稱「網路概念股」的企業股價也開始飆漲。高科技企業的股價全面上漲，逐漸呈現泡沫化的狀態。交易員之間甚至流傳一句話：「漲停就閉著眼睛買（因為通常隔天開盤會買單高掛）」，這是人稱 IT 泡沫的上漲行情。

在泡沫崩盤的前夕，分析師報告開始出現些許的變化，彷彿在正當化暴漲過頭的股價，歪理開始變多。股價已經漲到 PER、PBR、ROE 等常用指標都無法正當化的水準，所以股價的計算基準開始出現「股市未實現獲益」一詞。

附帶一提，1980 年代後期的泡沫時代，有個稱為「Q 比率」的數字，這是在泡沫快破裂前會出現的訊號，大家不妨稍微記一下。

那時候，對背水一戰轉行的我來說，網路泡沫是一種幸運，甚至可說是一帆風順。年輕毫無畏懼的我，積極在市場搶攻，獲利也急速增加，成長到在所有交易員中前幾

名的程度。

　我能交易期貨和個股，但主要的獲利大多來自個股。偶爾交易期貨時，也不會選日經 225 指數期貨，而是做 TOPIX 期貨，這是有理由的。

　當時的日經 225 沒有太多的高科技企業，大多是重工業的鋼鐵與原料相關產業。換句話說，因為指數成分股的問題，日經 225 常會被 IT 泡沫的漲勢排除在外。

　另一方面，TOPIX 的成分股則是東證一部的所有個股，於是股價急速上漲，使得總市值大增的軟銀或光通信等個股，站上指數成分比例的前幾名。

　因為我理解指數的差異，所以才會選擇交易 TOPIX，而非日經 225。第 6 章曾提及 2000 年 4 月時，日經 225 大量替換成分股，就是因為有這樣的背景。這個例子告訴我們，**事先理解股價指數的機制有助於交易。**

　交易員所處的環境從此產生劇變。1990 年代以正職員工為中心，交易員的報酬過於低廉，大幅落後歐美避險基金「Two-Twenty」的報酬體制（管理報酬 2％、成功報酬 20％）。

　對此感到不滿的交易員強烈要求提高報酬，但如果只給交易員成功報酬而調高待遇，可能遭其他部門的員工反彈，所以解套的方法是推動交易員契約制，基本上是一年一約，績效不好就會被解聘。這是因為契約交易員要承擔這樣的風險，所以會得到符合績效的報酬。

　　站在公司的角度來看，也能藉此維持整體的平衡，因此契約制逐漸成為普遍的聘用形態。

　　聘用形態的變化，給交易業界帶來很大的影響。交易員為了保住自己的工作，會以獲利為最優先考量，不再培育人才，也不再替公司或組織做其他事情。成功報酬漲到和避險基金一樣的 20％後並未就此打住，2000 年後又更進一步高漲。

　　另一方面，觀察證券業界整體，連同 IT 泡沫一起出現的「網路證券」，威脅到仰賴面對面營業的中小證券。善用新基礎設施（網路）的年輕世代客戶，逐漸流入網路證券。

　　中小證券在法人業務上贏不過大型證券、外資證券或銀行類證券，逐漸看不到未來，因此許多公司開始網羅優秀的交易員，希望靠交易金融商品獲利。

　　於是，大家開始互相挖角優秀的交易員。對被挖角的公司來說，花金錢和時間栽培的交易員可能三兩下就被挖走，所以業界逐漸不再培育人才。如此一來，交易員更進一步朝獨立作業前進，感覺就像外籍傭兵。公司的其他部門對待交易員，像在對外人一樣畢恭畢敬。

　　這個過程導致交易員被孤立，大家不再像 1990 年代的套利交易一樣，成立組織嘗試新作法，也不再做大型的設備投資，就像是放棄研發投資、設備投資和人才培育的企業。

不過，這樣的時代對交易員來說反而是春天。交易雖然系統化，但處理能力還很慢，基本上是靠目視交易。當時還會公開各券商的買賣量，所以容易判讀部位（哪家持有多少部位）和委託單等。

　　從螢幕的委託單畫面上，可感受到市場參與者的氣氛和熱絡程度，能推測「在這種賣盤買進會出現軋空」，或「這裡賣一下就會有人拋售」等，交易員透過委託單持續戰鬥。

　　接近 2000 年左右，中小證券的套利機會逐漸消失，市場價差也沒有 1990 年代這麼大，但依舊有充足的獲利機會。更重要的是，交易員的收入在這個時代暴增，也出現好幾位年收破億的交易員。

　　當時日本還有「高額納稅者公布制度」（已於 2006 年廢止），中小證券的交易員也曾經出現在名單中。甚至還有中小企業的交易員跑到新加坡成立避險基金等，整個業界算是相當活絡。

　　2003 年時，東證決定不再公開券商的交易資訊。在那之前，一有大筆買單，大家都會知道是哪家證券公司買進的（超過一定數量的大單甚至還會廣播），如果是大型證券或外資證券，大家會立刻跟著主力買進。

　　此外，也常發生交易員被人知道手頭有什麼部位，結果被其他公司的交易員做空的狀況。當時的頂尖交易員能做出某種程度的預測，甚至知道對手是哪家公司的誰，也

會大概知道該公司的停損規則等，所以彼此競爭相當激烈。

或許，因為大型證券或外資證券不喜歡被當主力跟隨，業界要求不要公開買賣量資訊的聲音越來越大，交易所也從善如流。

對交易員來說，這等於少了一種「判別部位」的手段，但也產生幸運的副作用。頂尖交易員一口氣買進大量部位，也不會有人知道是誰買的，於是市場便跟風，有利交易員的操作。

接下來是人稱股票熱潮的 2005 ～ 2006 年，股價持續上漲，散戶開始急速增加，書店也能看見「把 100 萬日圓變成〇億日圓」之類的書籍。

網路證券崛起，使交易員和散戶之間的環境差距逐漸縮小，但從資訊量等條件來說，交易員還是比較有利，甚至連週刊雜誌，都專文介紹交易員豪邁的賺錢法和遊玩方式。

在極盛時期，據說有多達 2000 ～ 3000 名交易員在股市中熱絡交易，讓期貨的買賣量資訊上排滿日系證券的名字。當時的交易員可說是春風得意，盡情享受最美好的時代。

註 15：住專是住宅金融專門公司的簡稱，為一種貸款業。

1990 年代初期，日本的泡沫經濟結束後，因為地

價貶值，多家住專手頭多出許多呆帳。日本國會在
1996 年決定挹注 6850 億日圓解決此問題，避免金
融系統崩盤。

9-3　2010年前後：雷曼風暴與HFT崛起，大幅改變市場環境

2010 年東證箭頭系統啟用後，HFT 一口氣湧入，以及 2014 年階段性實施檔位最佳化，都對仰賴當沖的交易業界造成衝擊。

　　2007 年美國發生次級房貸的呆帳問題，使得次貸風暴越演越烈。

　　2007 年 4 月，美國大型銀行新世紀金融公司破產，7 月貝爾斯登公司也出現重大財務危機，8 月引發了人稱「巴黎銀行危機」的大混亂，導致 2008 年 9 月美國大型投資銀行雷曼兄弟破產。這場危機俗稱「雷曼風暴」，造成全球股價暴跌，日本也受到影響。

　　這次市場暴跌是否讓交易員陷入苦戰？其實未必。個股交易員因為容易偏向做多，所以苦戰的人不少，然而交易衍生性金融商品的人大多積極做空，於是急速上升的波動性反而成為絕佳的獲利時機。

　　對短期交易來說，個股價格變動大和波動性高正是獲

利機會，所以對交易業界來說，雷曼風暴絕對不算巨大的衝擊。

但 2006 ～ 2007 年出現的徵兆，讓交易員感到痛苦，因為外資在日本股市的交易占比增加，使得市場較少在日本時間變動，即使大漲也是在晚上，股價漲完到日本時間又不動了。

根據我當時分析的資料，就算日經 225 在 1 個月內上漲 1500 點，但在日本時間開盤到收盤為止的漲幅合計，也頂多漲 200 ～ 300 點，表示漲幅幾乎都在晚上。

而且，演算法交易和 HFT 這兩種當時還聽不慣的東西，在歐美市場急速崛起。我就是在此時開始強烈意識到依賴當沖的危險性，而不久後危險終於到來。

2010 年 1 月 4 日東證箭頭系統正式啟用，嚴重衝擊中小證券的交易部門。 東證箭頭是東京證券交易所提供的全新股市交易系統，當時全世界的證交所都積極投資設備，持續建置可高速執行交易的環境。環境整備的幕後推手，是在歐美市場急速崛起的 HFT 等，利用高速交易環境，賺取獲利的新市場參與者。

箭頭系統啟用前，日本股市系統處理能力非常低，下單到成交為止需要耗費一點時間。如果發生買賣單湧入的狀況，常會出現數十秒至數分的延遲。東證認為這樣下去，日本的證券交易所將無法和世界上的交易所競爭，於是更新交易系統。這是時代的變化、科技進步的產物，也是理

所當然的過程。

但是，這對交易業界卻是致命性的變革，就像江戶幕府末期的日本。當時日本長期鎖國，武士階級梳著武士頭、手持武士刀，誇示自己的強悍，並深信這樣的時代會永遠持續下去。後來幕府決定開國，落後於世界的狀況讓武士感到驚慌，於是反對開國，試圖保護自己的權益，但依舊無法反抗時代的潮流。

老舊的交易所系統，阻擋擁有 HFT 等先進交易技術的市場參與者，也保護了當時的日本交易業界。直到箭頭系統啟用後，HFT 一口氣湧入，直接衝擊仰賴當沖為生的交易員。

原先慣用的委託單判讀不再適用，即使下單也會處於被動。當時完全仰賴當沖和超短期買賣的交易業界，被迫和 HFT 在同一個擂臺上競爭，使得業界面臨危機。

這樣的結果並不是箭頭和 HFT 的錯，而是怠惰於研發投資、設備投資和人才培育的交易業界自食惡果。回顧業界的歷史，會發現這是理所當然的結果。

此外，東京證交所從 2014 年階段性實施檔位最佳化，也對仰賴當沖的交易業界造成衝擊。由於檔位被細分、上下能看見的範圍變窄等變化，過往判讀委託單的技巧不再適用，肉眼不再跟得上瞬息萬變的買賣盤。

事實上，對於這種制度修正，其實用 HFT 交易的人也多有批評。對他們來說，價差是獲利泉源，所以檔位變細

不是好事。

　　散戶的交易環境因為網路證券企業的努力，而變得更快速且穩定，也提高交易的自由度，所以接連出現大獲成功的散戶。相反地，交易業界的未來則一片黯淡，兩者的立場好像不知不覺逆轉了。

　　但並不是完全絕望，也有不少交易員努力順應時代的變化，希望能做出更高水準的操作。

　　雖然我現在已經離開第一線，改做管理，但每天都在努力嘗試開拓未來。目前，我隸屬的山和證券有近 50 名交易員，也聘用並栽培應屆和無經驗者擔任交易員，操作手法確實相當多元。

　　一度被揶揄是瀕臨絕種動物的交易員，現在致力於拓展新的商業模式、研究開發和人才培育。我期待能透過每天的工作和他們一起開拓未來。

9-4　2020年以後：FinTech將改變未來

正因為身為人類，才能感受到市場瀰漫的不安心理或危險。瞭解人類和AI的弱點與優勢，再建構能互補弱點的未來。

　　今後時代也會持續改變我們所處的環境。2017 年，幾乎每天都能在報紙上看到「AI」、「虛擬貨幣」、「群眾募資」等 FinTech（金融科技）的相關詞彙。就像網際網路剛出現時一樣，我們所處的世界在不久的將來，或許會出現技術奇點（註 16）。

　　但我不認為 AI 會贏過人類，讓人類變得毫無用處，也強烈希望這一刻不會到來。**如果只把 AI 視為威脅，等待我們的恐怕是不幸的未來。我們應該和 AI 新創企業或研究人員保持接觸，照自己的步調努力學習。**

　　市場就像大自然，會展現各種不同的表情，有平穩的日子，也會有颳狂風的時候。即使是 AI，也很難預測變化並做出對應。

2009 年，我以與談人的身分，受邀參加「Battle of Quants（註17）」這項國際論壇活動，和其他 4 位與談人進行討論。其中 3 位活用 HFT 或量化投資等科技，擁有全新的交易模式，而我和另一名英國交易員則是非機器交易方的代表。

論壇主題是「機器 v.s. 人類」，我和機器方的 3 人交換名片，令人訝異的是，他們的頭銜不是「Trader」，都是「Professor」或「Scientist」。老實說，這讓我有點怯場，心情就像舊薩克遇到鋼彈一樣（註18）。

但論壇結束之後，聽眾反而覺得非機器交易比較厲害，因為機器方操作者在前一年的投資績效其實算不上優異。2008 年正值雷曼風暴，當時恐懼和情緒支配了市場，導致市場一整年都呈現不穩動向，無法只靠既往數據預測。這顯示在那樣的市場中，人類的適應能力仍然高於機器。

心理控制對人類來說一直都是難題，也是弱點所在，但正因為身為人類，才能感受到市場瀰漫的不安心理或危險。即使技術奇點真有一天會發生，人類具有的優勢也絕對不會消失。

瞭解人類和 AI 的弱點與優勢，再建構能互補弱點的未來。**瞭解現在、想像未來，並創造自己的立足之地，相信交易員和 AI 十分有可能共存共榮。**

註 16：Singularity，部分科學家推測，科技發展將在短時
　　　間內發生極大的進步，人工智慧將完全超越全人類
　　　的智慧，導致現有社會模式崩解，由新的規則主宰
　　　這個世界。

註 17：目前無官方中文譯名，暫譯「量化戰爭」。

註 18：日本動畫作品《機動戰士鋼彈》中出現的虛構兵器
　　　系列。在該作品世界觀中，兩種兵器的武力差異懸
　　　殊。

NOTE

NOTE

國家圖書館出版品預行編目（CIP）資料

日本股神教你長線 & 當沖賺二億：傳奇交易員寫給散戶的 9 堂投資必修課！／工藤
哲哉著；林信帆譯 -- 新北市：大樂文化，2021.07
256 面；14.8×21 公分. --（Money；41）
譯自：百戰錬磨のディーリング部長が伝授する「株式ディーラー」プロの実践教本
ISBN：978-986-5564-24-7（平裝）

1. 股票投資　2. 投資技術　3. 投資分析

563.53　　　　　　　　　　　　　　　　　　　　　　　　　　　110005409

Money 041

日本股神教你長線 & 當沖賺二億
傳奇交易員寫給散戶的 9 堂投資必修課！
（原書名：我在股海賺二億）

作　　者／工藤哲哉
譯　　者／林信帆
封面設計／蕭壽佳
內頁排版／思　思
責任編輯／林映華
主　　編／皮海屏
發行專員／呂妍蓁、鄭羽希
會計經理／陳碧蘭
發行經理／高世權、呂和儒
總編輯、總經理／蔡連壽

出 版 者／大樂文化有限公司
　　　　　地址：新北市板橋區文化路一段 268 號 18 樓之1
　　　　　電話：（02）2258-3656
　　　　　傳真：（02）2258-3660
　　　　　詢問購書相關資訊請洽：2258-3656
　　　　　郵政劃撥帳號／50211045　戶名／大樂文化有限公司

香港發行／豐達出版發行有限公司
地址：香港柴灣永泰道 70 號柴灣工業城 2 期 1805 室
電話：852-2172 6513　傳真：852-2172 4355

法律顧問／第一國際法律事務所余淑杏律師
印　　刷／科億印刷股份有限公司

出版日期／2019 年 3 月 18 日初版
　　　　　2021 年 7 月 12 日二版
定　　價／290 元（缺頁或損毀的書，請寄回更換）
I S B N　978-986-5564-24-7